교과세특
탐구활동 솔루션

한승배

양평전자과학고등학교 진로전담교사

- '10대를 위한 직업 백과', '교사 어떻게 되었을까', '의사 어떻게 되었을까', '나만의 진로 가이드북',
  '교과세특 탐구주제 바이블', '학과 바이블', '직업 바이블', '학과연계 독서탐구 바이블',
  '직업계고 학생을 위한 취업 바이블', '특성화고 학생을 위한 진학 바이블' 집필 참여
- 2009 개정 중학교, 고등학교, 특성화고 '진로와 직업' 교과서 집필 참여
- 2015 개정 중학교, 고등학교 '진로와 직업' 교과서 집필 참여
- 네이버 카페 '꿈샘 진로수업 나눔방', 네이버 밴드 '함께하는 행복한 진로수업' 운영자

박유진

한백고등학교 진로전담교사

- 경기도중등진로교육연구회 활동(2021)
- 진로전담교사 코칭전문가 지역선도교원(2022)
- 다문화교육 지역선도교원(2023)

최미경

지평중고등학교 도덕윤리교사

- '교과세특 탐구주제 바이블', '학생부 바이블' 집필 참여
- 한국교원연수원 '고교학점제를 부탁해' 직무연수 강사
- 성남교육지원청 고등학교 교육과정 지원단(2021~2022), 경기도교육청 고교학점제 홍보기획팀
  (2022) 참여

교과세특
탐구활동 솔루션

한승배·박유진·최미경 지음

공공데이터 활용 Ver

CampusMentor
캠퍼스멘토

이 책의 활용상 유의점

1 2022 개정 교육과정 학생상은 미래 사회가 요구하는 포용성과 창의성을 갖춘 주도적인 사람으로, 학생의 삶과 성장을 위해 깊이 있는 학습이 강조됩니다. 이 책은 2022 개정 교육과정에 따라 공통과목 및 선택과목의 교과 내용과 연계하여 지식을 보다 깊이 있게 탐구하고 심층적으로 이해할 수 있도록 탐구활동 주제를 계열별로 제시하였습니다.

2 2025년 본격적인 선택중심 교육과정 시행과 함께 대학 입시 전형에서는 희망 진로에 적합한 교과목 선택과 계열별, 학과별 심화 탐구활동이 중요해졌습니다. 이 책은 학생들의 진로역량, 학업역량, 공동체역량이 잘 드러나도록 교과별 세부능력 및 특기사항과 창의적 체험활동 등 모든 학교교육과정 활동에 활용 가능한 탐구활동 주제를 다양하게 소개하였습니다.

3 매년 정부부처 및 관련기관, 민간기업 및 기업연구소 등에서 발표·공개하고 있는 각종 발간물 및 연구보고서를 포함하여 우리나라 대부분의 공공데이터 자료를 분석한 후 고등학교 탐구활동으로 적합한 주제를 선별하여「자료 소개 → 자료 출처 → 핵심 키워드 → 관련 탐구주제 → 관련계열 및 학과」로 구성하였습니다.

4 이 책은 한국교육개발원의 학과(전공) 분류 체계인 인문·사회·교육·자연·공학·의약·예체능 등 7개 계열로 구분하여 계열별 25종, 총 175종의 자료를 소개하고 있습니다. 1종당 관련 탐구주제를 3개씩(총 525개) 제공하고 있으며, 스마트 기기 사용에 익숙한 학생들이 보다 쉽고 편리하게 해당 자료 원문에 접근할 수 있도록 QR코드를 제공합니다.

5 제시된 탐구주제는 정형화된 것이 아니며, 학생 스스로 다양한 주제로 재구성할 수 있습니다. 토론, 발표, 보고서 등 교과 수업의 방향과 학생의 선호에 맞게 선택하여 활용 및 응용하길 권장합니다. 이 책은 학생들의 자기 주도적 심화탐구활동에 도움이 될 뿐만 아니라, 교사와 학부모에게도 좋은 탐구활동 길라잡이가 되어줄 것입니다.

이 책의 활용상 유의점

· 004

차례

| 1장 |

교과세특 탐구활동 핵심 정리

· 006

| 2장 |

계열별 교과세특 탐구활동 솔루션

· 024

I 인문계열 · 026	II 사회계열 · 052	III 자연계열 · 078
IV 공학계열 · 104	V 의약계열 · 130	VI 예체능계열 · 156
VII 교육계열 · 182		참고 문헌 · 208

교과세특 탐구활동
핵심 정리

2022 개정 교육과정, 고등학교 변화!
고교학점제와 대입제도 개편!

POINT 1 학업역량 기반의 진로 연계 심화탐구활동 가이드

　대전환 시대, 우리 교육은 미래 사회를 이끌어갈 주도성과 역량을 갖춘 창의적 인재 양성을 목표로 더 나은 미래를 위한 교육 체제로의 전환을 추진 중이다. 이러한 변화의 방향을 제대로 이해하고, 자신의 진로와 적성에 따라 스스로 배움을 설계하며 '깊이 있는 학습'을 통해 미래 사회의 주체로서 살아가는 데 필요한 역량을 갖추는 것이 무엇보다 중요하게 여겨지고 있다.

　하지만 수시로 변화하는 고교체제, 대입제도, 수능 출제 기조 변화 등으로 대입을 준비하는 학생과 학부모들이 막막함과 불안을 떨치기 힘든 것도 현실이다. 이럴 때일수록 변화하는 것(교육의 형식)과 변화하지 않는 것(교육의 본질)을 꿰뚫어 보는 통찰적 사고가 요구된다. '학교 교육을 통해 어떤 인재를 양성할 것인가?', '변화하는 대입제도 속에서 어떤 학생을 선발할 것인가?'에 대해 숙고해 보면 어느 시대, 어느 나라나 교육의 본질이 맞닿아 있음을 알 수 있다.

　'배움을 통한 성장'은 교육의 핵심이다. 이는 배움의 주체인 학생의 지적, 인성적, 사회적 성장을 포괄한다. 즉 학교생활에서 자신의 적성과 흥미를 바탕으로 무엇에 중점을 두고 배움을 만들어 갈지에 대해 스스로 고민하여 답을 찾고, 깊이 있는 학습과정을 통해 지적, 인성적, 사회적 성취를 이루며 성장하는 것을 뜻한다. 이 책은 교육의 본질 구현에 필수적이자 대입 선발의 핵심 평가요소인 '학업역량' 지원을 목표로 한다. 특히 학생부종합전형을 준비하는 고등학교 학생들이 학업역량 기반의 진로로드맵을 설계하는 데 도움이 되는 계열별 탐구주제를 제시하고 있다. 이는 학생들이 자신의 진로와 연계된 심화탐구활동을 수행하는 데 가이드로 활용할 수 있다.

서울 주요 대학들의 학생부종합전형 서류 평가요소를 살펴보면, 모든 대학의 공통적인 평가요소는 학업역량이다. 대학들은 단순히 시험성적만 우수한 학생이 아니라, 학교생활을 통해 미래 사회를 주도적으로 살아가는 데 필요한 다양한 역량을 함양한 학생을 선발하고자 한다. 대학은 학업역량을 '대학교육을 충실히 이수하는 데 필요한 수학능력'으로 정의하고, 그 역량을 갖춘 학생을 원한다. 이는 대입제도가 아무리 변하더라도 대학이 뽑고자 하는 학생에게 기대하는 필수 역량이므로, 이러한 역량을 갖추는 것이 입시 준비의 기본이자 핵심이다.

POINT 2 | 최적화된 계열별 탐구주제로 주제 선정의 효율성 UP

대학 진학을 목표로 하는 고등학생들에게 자신이 지닌 학업역량을 증명하기 위한 심화탐구활동은 절대적인 솔루션이다. 이 책은 교과세특을 비롯하여 학교생활기록부의 각종 특기사항 기재를 위한 탐구활동 진행 시 곧바로 활용 가능한 탐구주제를 계열별로 최적화하여 제공한다. 이는 학생들이 가장 힘들어하는 '주제 선정' 부분의 효율성을 독보적으로 높인다.

진로 계열이 결정된 학생들은 진로 방향에 맞는 깊이 있는 탐구주제로 활동을 진행할 수 있고, 아직 진로 계열이 결정되지 않은 학생들은 계열별로 최근 연구 경향을 파악하여 관심 탐구주제를 선정하는 데 도움을 받을 수 있다.

학생들은 주제 선정은 물론 선행 연구 자료를 선정하고 분석하여 자신의 탐구활동 주제와 연계하는 것도 어려워한다. 이 책은 현직 교사가 각 계열별로 최근 이슈가 되는 주제의 연구보고서와 간행물을 선별하여 분석한 내용과 이와 연계된 탐구주제 예시, 진로 계열 및 학과까지 함께 안내하고 있다. 그동안 탐구활동에 열의는 있지만 주제 선정부터 막막함을 느꼈던 학생들에게 다양한 분야의 자료를 바탕으로 자신만의 탐구주제를 찾고, 깊이 있는 탐구활동을 수행함으로써 학업역량이 폭발적으로 성장하는 경험을 제공할 것이다.

POINT 3 공공데이터를 활용한 계열별 탐구활동 주제로 차별화

이 책은 정부부처 및 관련기관, 민간 기업 및 기업연구소 등에서 발표한 최신 연구자료, 보고서, 발간물 등을 분석하여 선별한 계열별 탐구활동 주제를 제시함으로써 여타 탐구활동 주제와의 차별화를 돕는다. 뿐만 아니라 자료 소개(자료 요약 정리)는 물론 핵심 키워드, 원문 QR코드, 진로 계열 및 학과를 함께 안내한다.

탐구활동 주제는 인문·사회·교육·자연·공학·의약·예체능 7개 계열로 구분하고 관련 학과와 연계하여 구성하였으며, 총 525개의 탐구활동 주제 예시를 제공함으로써 다양한 진로와 적성을 지닌 학생들이 활용할 수 있도록 구성하였다.

특히 서두에서는 2022 개정 교육과정에 대한 이해, 고교학점제에 대한 이해, 서울 주요 대학 입학전형의 변화, 탐구활동의 개념 및 중요성, 탐구활동의 절차 및 주제 선정 방법, 탐구활동 계획서 및 보고서 작성법 등을 수록하여 학생들의 자기 주도적인 탐구활동 수행에 도움을 주고자 하였다.

1

2022 개정 교육과정에 대한 이해

❶ 2022 개정 방향

'포용성과 창의성을 갖춘 주도적인 사람'으로의 성장

❷ 인간상

자기주도적인, 창의적인, 교양 있는, 더불어 사는 사람

❸ 핵심역량 6가지

자기관리 역량 / 지식정보 처리 역량 / 창의적 사고 역량 / 심미적 감성 역량 / 협력적 소통 역량 / 공동체 역량

❹ 현장 적용 시기

적용 시기	적용 대상
2022년 12월	『2022 개정 교육과정』 고시
2024년 3월	초등학교 1~2학년
2025년 3월	초등학교 1~4학년, 중학교 1학년, 고등학교 1학년
2026년 3월	초등학교 1~6학년, 중학교 1~2학년, 고등학교 1~2학년
2027년 3월	초등학교 1학년~고등학교 3학년까지 전 학년

❺ 고등학교 편제와 시간 배당 기준

고등학교 교육과정은 교과(군)와 창의적 체험활동으로 편성되며, 교과는 보통 교과와 전문 교과로 이루어진다. 3년간 이수해야 할 최소 이수학점은 192학점(교과 174학점, 창체 18학점)이다.

보통 교과				전문 교과		
공통과목	선택과목			전공 공통 과목	전공 일반 과목	전공 실무 과목
	일반 선택	진로 선택	융합 선택			
기초소양 및 기본학력 함양, 학문의 기본 이해 내용 과목	교과별 학문 내의 분화된 주요 학습 내용 이해 및 탐구를 위한 과목	교과별 심화 학습 및 진로 관련 과목	교과 내·교과 간 주제 융합, 실생활 체험 및 응용을 위한 과목	직업세계 진출을 위한 기본 과목	학과별 기초 역량 함양 과목	NCS 능력단위 기반 과목

❻ 교과 교육의 강조점

총론을 비롯한 각 교과별 교육과정에서는 '깊이 있는 학습'을 통해 핵심 역량 함양이 가능하도록 교과 간 연계와 통합, 학생의 삶과 연계된 학습, 학습에 대한 성찰 등을 공통적으로 강조하고 있다.

❼ 보통 교과 과목 구성

교과 (군)	공통 과목	선택 과목		
		일반 선택	진로 선택	융합 선택
국어	공통국어1 공통국어2	화법과 언어, 독서와 작문, 문학	주제 탐구 독서, 문학과 영상, 직무 의사소통	독서 토론과 글쓰기, 매체 의사소통, 언어생활 탐구
수학	공통수학1 공통수학2 기본수학1 기본수학2	대수, 미적분 I, 확률과 통계	기하, 미적분 II, 경제 수학, 인공지능 수학, 직무 수학	수학과 문화, 실용 통계, 수학과제 탐구
영어	공통영어1 공통영어2 기본영어1 기본영어2	영어 I, 영어 II, 영어 독해와 작문	영미 문학 읽기, 영어 발표와 토론, 심화 영어, 심화 영어 독해와 작문, 직무 영어	실생활 영어 회화, 미디어 영어, 세계 문화와 영어
사회 (역사 /도덕 포함)	한국사1 한국사2 통합사회1 통합사회2	세계시민과 지리, 세계사, 사회와 문화, 현대사회와 윤리	한국지리 탐구, 도시의 미래 탐구, 동아시아 역사 기행, 정치, 법과 사회, 경제, 윤리와 사상, 인문학과 윤리, 국제 관계의 이해	여행지리, 역사로 탐구하는 현대 세계, 사회문제 탐구, 금융과 경제 생활, 윤리문제 탐구, 기후변화와 지속가능한 세계

교과 (군)	공통 과목	선택 과목		
		일반 선택	진로 선택	융합 선택
과학	통합과학1 통합과학2 과학탐구실험1 과학탐구실험2	물리학, 화학, 생명과학, 지구과학	역학과 에너지, 전자기와 양자, 물질과 에너지, 화학 반응의 세계, 세포와 물질대사, 생물의 유전, 지구시스템과학, 행성우주과학	과학의 역사와 문화, 기후변화와 환경생태, 융합과학 탐구
체육		체육1, 체육2	운동과 건강, 스포츠 문화, 스포츠 과학	스포츠 생활1, 스포츠 생활2
예술		음악, 미술, 연극	음악 연주와 창작, 음악 감상과 비평, 미술 창작, 미술 감상과 비평	음악과 미디어, 미술과 매체
기술·가정 /정보		기술·가정	로봇과 공학세계, 생활과학 탐구	창의 공학 설계, 지식 재산 일반, 생애 설계와 자립, 아동발달과 부모
		정보	인공지능 기초, 데이터 과학	소프트웨어와 생활
제2 외국어 /한문		독일어, 프랑스어, 스페인어, 중국어, 일본어, 러시아어, 아랍어, 베트남어	독일어 회화, 프랑스어 회화, 스페인어 회화, 중국어 회화, 일본어 회화, 러시아어 회화, 아랍어 회화, 베트남어 회화, 심화 독일어, 심화 프랑스어, 심화 스페인어, 심화 중국어, 심화 일본어, 심화 러시아어, 심화 아랍어, 심화 베트남어	독일어권 문화, 프랑스어권 문화, 스페인어권 문화, 중국 문화, 일본 문화, 러시아 문화, 아랍 문화, 베트남 문화
		한문	한문 고전 읽기	언어생활과 한자
교양		진로와 직업, 생태와 환경	인간과 철학, 논리와 사고, 인간과 심리, 교육의 이해, 삶과 종교, 보건	인간과 경제활동, 논술

*출처: 교육부 고시 제2022-33호 [별책 4] 고등학교 교육과정

2 고교학점제 이해

❶ 고교학점제의 의미

고교학점제는 학생이 기초 소양과 기본 학력을 바탕으로 진로·적성에 따라 과목을 선택하고, 이수 기준(수업 횟수의 2/3 이상 출석, 학업 성취율 40% 이상)에 도달한 과목에 대해 학점을 취득·누적하여 3년간 총 192학점 이상 취득하면 졸업하는 제도이다.

❷ 학점제형 학사제도 운영 체계

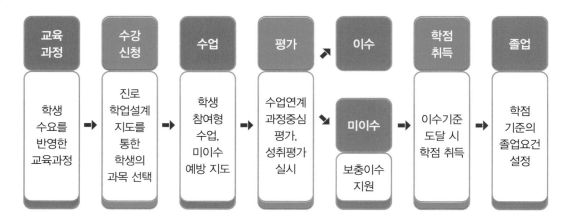

교육과정	수강신청	수업	평가	이수 / 미이수	학점취득	졸업
학생 수요를 반영한 교육과정	진로 학업설계 지도를 통한 학생의 과목 선택	학생 참여형 수업, 미이수 예방 지도	수업연계 과정중심 평가, 성취평가 실시	이수 / 미이수 → 보충이수 지원	이수기준 도달 시 학점 취득	학점 기준의 졸업요건 설정

❸ 고교학점제의 운영 중점

학생의 과목 선택권 보장, 개별 맞춤형 진로·학업 설계 강화, 최소 성취수준 보장을 중점적으로 추진한다. 이를 위해 고등학교 수업량 기준을 '단위'에서 '학점'으로 전환하여 2025학년도부터 시행되는 고교체제 개편을 반영하고, 학생이 과목 내용 위계를 고려하여 선택할 수 있도록 과목 구조를 개편함으로써 학생 선택형 교육과정 편성·운영의 기반을 제공한다.

❹ 고교학점제 적용 시기

학점제는 단계적 이행기를 거쳐 2025년 고등학교 입학생부터 개정 교육과정과 더불어 전면 적용된다.

마스터고 학점제 도입 '20~

특성화고 학점제 도입 '22~

일반계고 단계적 적용 '22~'24

전체 고교 전면 적용 '25~

3
**서울
주요 대학
입학전형의
변화**

❶ 대입전형의 변화

각 대학은 이미 대입전형에 학생 선택형 교육과정인 고교학점제에 적합한 학생 선발 방식을 도입하고 있다. 수능 응시과목 선택의 경계 완화를 비롯하여 수시에서도 단순히 계량화된 교과 석차 등급만을 평가하기보다는 학생들이 어떤 과목을 어떤 과정과 성취를 보이며 이수했는지, 전공과 연계된 핵심 권장과목을 이수했는지 등을 적극 반영하는 것이 그 예이다.

❷ 정시 전형의 변화

최근 정시에 '교과평가'를 도입하여 학교생활 충실도와 학업역량을 보다 심도 있게 판단하려는 움직임이 나타나고 있다. 서울대(2023년), 고려대(2024년)에 이어 연세대가 2026년부터 정시에 교과를 반영하겠다고 예고한 상태이므로 입학을 고려하고 있는 학생이라면 놓치지 말아야 할 부분이다.

서울대	2024년도부터 전공 연계 교과이수 과목을 지정해 지원자의 지정과목 이수 여부를 수시 '서류평가'와 정시 '교과평가'에 반영한다. 권장과목은 모집단위 수학을 위해 교육과정에서 배우기를 추천하는 과목이며, 이 중에서 핵심 권장과목은 필수연계과목의 성격을 지니므로 이를 평가에 반영한다고 밝혔다.
고려대	2024 정시부터 수능 100%로 선발하는 일반전형과 별도로 '수능–교과우수전형'을 신설했다. 전형방법은 수능 80%+학생부(교과) 20%의 일괄합산 방식이다. 수능 반영 영역은 정시 일반전형과 동일하며, 교과 성적은 수시 학생부교과 학교추천전형(정량평가)과 동일한 기준을 적용한다. 교과 점수는 전체 교과의 석차등급, 성취도, 성취도별 분포비율을 활용하여 대학 산출방식에 따라 점수를 부여한다.
연세대	2026학년도 '사전 예고 안내' 형태로 신입학 전형에 학교폭력 조치 사항을 평가에 반영한다는 것과 함께 정시 모집에서 학교생활기록부(교과이수, 출결 등) 평가를 도입하며, 적용 대상 및 방법은 차후 공지한다고 예고하였다.

❸ 수시 전형의 변화

2025년 고등학교 입학생부터는 2028 대학입시제도 개편에 따라 수능과 내신 평가체제가 변경된다. 특히 수시전형을 준비한다면 내신 평가체제 변경에 주목하여 3년간의 교과활동을 잘 준비해야 한다. 현재 교사추

천서 및 자기소개서 폐지, 학교생활기록부 미기재·미반영 항목 증가 등 대입 수시전형의 서류평가 항목이 대폭 축소된 상황이다. 따라서 학교생활기록부의 대입 반영 항목 중 정성평가에 해당하는 각종 특기사항 부분의 중요성이 매우 커졌다. 그중 학생이 대학의 교육과정을 수학할 역량이 있는지 가늠할 수 있는 '학업성취도'와 '교과 세부능력 특기사항'은 수시전형에서 가장 중점적으로 반영되는 항목이다. 2024 대입 기준으로 각 대학은 학생부종합전형에서 확인하고자 하는 서류 평가요소를 다음과 같이 밝히고 있다.

| 서울권 대학 학생부종합전형 서류 평가요소 |

대학명	서류 평가요소			
	학업역량	전공적합성	발전가능성	인성
건국대	학업역량	진로역량		공동체역량
경희대	학업역량	진로역량		공동체역량
고려대	학업역량	자기계발역량		공동체역량
광운대	학업역량	진로역량		인성
국민대	학업능력	전공적합성	발전가능성	인성
단국대	학업역량	전공적합성	발전가능성	인성
동국대	학업역량	전공적합성		인성 및 사회성
명지대	학업역량	전공적합성	발전가능성	인성
서강대	학업역량		성장가능성	공동체역량
서울대	학업능력, 학업태도			학업 외 소양
서울시립대	학업역량		잠재역량	사회역량
서울여대	학업역량	전공적합성	발전가능성	인성
세종대	학업역량	진로역량	창의융합역량	공동체역량
성균관대	학업역량	개인역량(전공적합성)	잠재역량(자기주도성 및 발전가능성)	
숙명여대	탐구역량	진로역량		공동체의식, 협업능력
연세대	학업역량	진로역량		공동체역량
이화여대	학업역량		발전가능성	
중앙대	학업역량	진로역량		공동체역량

한국외대	학업역량	진로역량		공동체역량
한양대	학업역량	인성 및 잠재성 영역 (자기주도역량, 소통, 협업역량)		
홍익대	학업역량	진로역량	발전가능성	인성

*출처: 나침반 36.5도 자료 재구성

위 표를 보면, 학생부종합전형의 평가요소는 대학별로 명칭의 차이가 조금씩 있으나 모든 대학에서 활용하는 평가요소는 '학업역량'이다. 즉 대학들은 공통적으로 지원자가 고등학교 교육과정을 충실히 이행하고, 이를 기반으로 대학에서 수학하는 데 필요한 기초 학업능력을 갖추었는지 확인하고자 한다.

이때, 대학별로 비중을 두는 평가요소의 내용과 반영 비율이 다르므로 대학별 세부 평가항목에 대해 꼼꼼히 살펴보고 대비해야 한다. 각 대학에서 제공하는 '학생부종합전형 가이드북' 자료를 참고하면 입시 전략 수립에 도움이 될 것이다.

4 탐구활동의 개념 및 중요성

❶ 탐구활동의 개념

'탐구활동'이란 학생들이 특정 주제나 문제에 대해 깊이 있는 연구와 분석을 수행하는 활동을 의미한다. 이는 단순 정보 수집이나 정답을 찾는 과정이 아니라 학생 본인의 지적호기심과 진로에 대한 관심, 문제의식을 바탕으로 관련 주제를 탐구하고, 융합적 사고를 통해 새로운 지식을 발견하거나 문제에 대한 대안을 모색함으로써 통찰력을 얻는 과정이다.

❷ 탐구활동의 중요성

대학에서 학생들을 선발할 때, 공통적으로 중요하게 여기는 평가요소는 '학업역량'이다. 건국대 · 경희대 · 연세대 · 중앙대 · 한국외대 등 5개 대학은 공동연구를 통해 기존 학생부종합전형의 공통 서류 평가요소 및 평가항목을 재구조화하여 발표하였다(2022.5.). 이 연구에서 학업역량을 구성하는 세부 요소로 학업성취도, 학업태도, 탐구력을 제시하였으며, 세부 평가 내용은 다음과 같다.

1) 학업성취도	
정의	고교 교육과정에서 이수한 교과의 성취수준이나 학업 발전의 정도
세부 평가 내용	● 대학 수학에 필요한 기본 교과목(예: 국어, 수학, 영어, 사회/과학 등)의 교과 성적은 적절한 가? 그 외 교과목(예: 예술·체육, 기술·가정/정보, 제2 외국어/한문, 교양 등)의 교과 성적은 어느 정도인가? 유난히 소홀한 과목이 있는가? ● 학기별/학년별 성적의 추이는 어떠한가?
2) 학업태도	
정의	학업을 수행하고 학습해 나가려는 의지와 노력
세부 평가 내용	● 성취동기와 목표의식을 가지고 자발적으로 학습하려는 의지가 있는가? ● 새로운 지식을 획득하기 위해 자기 주도적으로 노력하고 있는가? ● 교과 수업에 적극적으로 참여해 수업 내용을 이해하려는 태도와 열정이 있는가?
3) 탐구력	
정의	지적 호기심을 바탕으로 사물과 현상에 대해 탐구하고 문제를 해결하려는 노력
세부 평가 내용	● 교과와 각종 탐구활동 등을 통해 지식을 확장하려고 노력하고 있는가? ● 교과와 각종 탐구활동에서 구체적인 성과를 보이고 있는가? ● 교내 활동에서 학문에 대한 열의와 지적 관심이 드러나고 있는가?

이 연구 자료에 따르면 『학생부종합전형은 교과 학습활동을 통해 드러나는 학업 관련 탐구력을 학업역량 평가의 주요 항목으로 활용한다. 탐구력은 어떤 대상에 대해 호기심을 가지고 깊게 꾸준히 연구할 수 있는 역량을 지칭한다. 학업역량은 교과 학습뿐만 아니라 관심 분야에 대한 적극적인 독서활동, 글쓰기, 탐구 및 연구활동, 실험실습, 교내대회 참여 등 다양한 학습경험을 통해 향상되는 것이기 때문에, 탐구력은 고차원적인 학업역량을 보여주는 필수적인 요소라 할 수 있다. 탐구력을 평가하기 위해 평가자들은 학교에서 이루어지고 있는 다양한 탐구활동에 얼마나 적극적이고 자발적인 의지가 있는지, 그리고 그 활동을 통해 이룬 성과는 무엇인지를 확인한다.』고 설명한다.

이처럼 대학은 교과 관련 활동, 프로젝트 수행 활동, 실험실습, 학술자료 심화탐구활동 등을 통해 탐구력을 갖추었는지를 종합적으로 판단하여 학업역량 정도를 평가한다. 따라서 학생은 다양하고 깊이 있는 탐구활동을 통해 자신이 가진 역량을 학교생활기록부의 과목별 세부능력 특기사항 및 개인별 세부

능력 특기사항(학교자율과정의 교과융합 탐구활동 시 기재 가능) 기록을 통해 드러내야 한다.

5 탐구활동의 절차 및 주제 선정 방법

❶ 탐구활동의 절차

탐구활동은 교과 수업 시간의 수행평가와 창의적 체험활동의 자율활동, 동아리 활동, 진로활동 등 고등학교 교육과정 전반에 걸쳐 진로와 연계하여 이루어진다. 또한 최근 고교학점제의 수업량 유연화 지침에 따른 학교자율과정 프로그램을 활용하여 탐구활동을 수행할 수 있다.

탐구활동은 다음 절차에 따라 학교교육과정의 다양한 영역에서 진로와 연계하여 수행할 수 있다. 단, 자발적인 탐구활동을 수행하는 경우에도 반드시 학생부 기록의 입력 주체가 되는 지도교사 또는 담당교사의 지도 하에 과정에 대한 피드백이 있어야만 학생부에 기록될 수 있다.

1단계

탐구주제 선정

- 탐구활동의 첫 단계이자 가장 중요한 과정
- 나의 관심 분야와 역량에 맞는 주제 선정이 필요
- 교과 학습 중 호기심이 생긴 부분, 이전 학년의 교과 탐구활동 내용 중 더 심화하거나 다른 교과와 융합해보고 싶은 부분, 사회적 이슈에 대해 문제의식이 생긴 부분, 독서/토론/특강 등을 통해 관심이 생긴 부분 등을 모두 키워드로 나열해 본 다음 이를 토대로 선정
- 주제를 바탕으로 탐구 계획 수립 (연구 기간 및 절차, 방법, 세부 일정 등)

2단계

문헌 조사

- 내가 탐구할 주제의 핵심 키워드를 다룬 기존 연구가 있는지 확인 (학술데이터베이스, 공공데이터포털 등 활용)
- 탐구주제와 관련 있는 선행 연구 자료를 찾고, 기존 연구 내용 및 결론 검토 및 분석
- 관련된 학술자료, 책, 발간물 등을 참고하여 탐구 방향과 방법 설정
- 검증된 주요 기관을 통해 공신력 있는 자료를 찾는 것이 중요

3단계

실험 설계

- 실험을 진행할 경우, 실험 재료와 장비를 준비하고 실험 방법을 세부적으로 계획
- 실험 목적과 가설을 명확히 설정하고, 결과를 예측해 보는 것도 필요

4단계

데이터 수집 및 분석

- 실험, 관찰, 설문, 인터뷰, 문헌조사, 통계자료 등 자신의 탐구주제에 적합한 방법으로 데이터를 수집하고, 이를 정확하게 분석하여 결과 도출
- 실험 설계 및 진행 후 그래프, 표, 통계기법 등을 활용하여 객관적으로 표현한 분석 결과 도출

5단계

결론 도출

- 가설의 타당성 검증 후 채택 또는 기각 여부를 결정하여 일반화 도출
- 탐구 결과와 관련된 통계적 분석이나 현상 해석을 통해 최종 결론 도출
- 탐구 결과에 대한 문제점 및 아이디어, 연구 결과의 한계점 제언
- 추후 탐구 방향 제시 및 보완할 점 제안

6단계

보고서 작성

- 탐구활동의 최종 결과물은 보고서 형태로 작성
- 보고서는 목차, 서론, 이론적 고찰, 연구 방법, 연구 결과, 결론 및 제언 등으로 구성
- 보고서를 제출하여 담당교사에게 탐구 동기, 과정, 결과, 결론을 명확하게 전달하고 학생부 기재 근거로 활용 가능

7단계

발표 및 공유

- 자신의 탐구활동 과정과 결과를 발표하고 시사점을 제언하는 활동으로 확장하여 교육과정에서 강조하는 '깊이 있는 학습'의 '학습 과정에 대한 성찰'을 보여주는 기회
- 학생들이 탐구활동을 발표하며 서로 공유하는 기회를 가질 때 더 깊이 있게 배우고 성장하는 계기가 되므로 적극적으로 참여

❷ 탐구주제 선정 방법

주제 선정은 탐구보고서의 절반을 완성하는 것이라 할 만큼 매우 중요한 과정이지만, 탐구활동을 계획하는 학생들이 가장 어려워하는 부분이기도 하다. 일반적으로 탐구주제를 잘 선정할 수 있는 방법을 소개하면 다음과 같다.

- 교과 수업을 통해 생긴 호기심에 어떤 것들이 있는지 질문형으로 적기

- 전년도 학생부 과세특에서 나의 탐구역량이 드러난 탐구주제 목록을 나열하고, 그중 심화 또는 확장 가능한 주제 추출하기

- 최근 우리 사회 또는 범세계적으로 이슈가 되고 있는 내용이 무엇인지 키워드 적기

- 학술데이터베이스, 공공데이터포털 등을 통해 확인한 기존 연구 논문의 주제 및 제언을 활용하여 주제 만들기

- 자신이 나열한 주제들 중에서 나의 진로, 적성, 희망 전공 계열과 관련된 주제 선정하기

- 학교 교육과정 편제표를 확인한 후, 자신의 학업역량을 어필하고 싶은 과목을 선택하여 이번 주제와 연계될 수 있는 탐구주제 로드맵 구상하기 (주제 심화·확장·교과융합)

6

탐구활동 계획서 및 보고서 작성법

❶ 탐구활동 계획서 작성법

탐구활동 주제 선정 후에는 계획서를 작성해야 한다. 계획서는 탐구주제, 관련 교과목 및 단원, 탐구 동기, 선행 연구 자료 조사 계획, 탐구 방법 설정, 탐구 일정, 탐구를 통해 예상되는 결과 및 어려움 등을 포함해야 한다. 계획서 작성 후에는 지도교사 및 담당교사에게 피드백 받기를 권장한다.

❷ 탐구활동 보고서 작성법

탐구활동 보고서는 한 번에 몰아쓰기 보다는 활동 중간에 진행 내용을 작성해 나가는 것이 효율적이다. 각 목차는 보고서의 구조와 내용을 명확하게 전달하기 위한 요소이므로, 목차를 기반으로 보고서를 구성하는 것이 좋다. 형식은 일반적인 연구보고서의 형태를 따르는데, 구체적인 순서와 내용은 다음과 같다.

I	서론	● 주제 및 탐구 목적 소개 ● 탐구 필요성 및 동기 설명
II	이론적 고찰	● 탐구에서 다루는 주요 개념 설명 ● 탐구주제와 관련된 선행 연구 자료의 연구 결과 요약 및 비평
III	연구 방법	● 실험 설계 절차 설명 ● 데이터 수집 방법 및 도구 소개 ● 표본 또는 실험 대상에 대한 설명 ● 데이터 분석 방법과 사용한 통계 기법 소개
IV	본론(연구 결과)	● 수집한 데이터에 대한 분석 결과 제시 ● 그래프, 표, 통계 분석 결과 등을 활용한 시각적 표현 ● 결과에 대한 설명과 해석
V	결론 및 제언	● 주요 탐구 결과 요약 ● 탐구 결과의 중요성과 활용 가능성 제시
VI	참고문헌	● 보고서 작성 시 활용한 참고 문헌 및 인용 자료 목록 ● 출처와 저자 정보를 포함한 형식에 맞는 인용법 사용

앞서 살펴본 2022 개정 교육과정 및 고교학점제 도입에 따른 학교교육체제와 대입전형의 주요 변화에 대한 이해를 바탕으로 학생들이 탐구활동의 중요성을 인식하고, 이 책의 탐구활동 콘텐츠를 효율적으로 활용하여 학업역량은 물론 진로 및 공동체 역량도 고루 갖춘 미래 인재로 성장할 수 있기를 바란다.

2.

계열별 교과세특
탐구활동 솔루션

I

인문계열

01

100세 시대 도농상생의 농산어촌 유토피아 실천모델 연구

자료소개

이 연구는 도농상생의 농산어촌 유토피아 실천모델을 구축·확산할 수 있는 사업화 방안 제시를 목적으로 한다.

연구 결과, 도출된 과제는 관계인구 확대를 위한 사전 교류 프로그램, 농산어촌 살아보기 체험 지원, 농산어촌형 일자리 지원 및 새로운 경제활동 공간 조성, 농산어촌다운 주거환경 정비 및 마을 인프라 개선, 다지역 분산 거주를 지원하는 필수 서비스 확충, 공동체 활성화 프로그램의 추진이다. 더불어 (가칭)'마을 스테이' 체인을 구축할 것과 농산어촌 유토피아 신규 사업의 도입 활성화를 위해 주민의 수요 반영을 통한 사업의 지속가능성 확보가 필요함을 제언한다.

핵심키워드

농산어촌, 유토피아, 100세 시대, 웰 에이징(well-aging), 관계인구

출처 | 한국농촌경제연구원, 경제·인문사회연구회

탐구주제

탐구주제1 생애주기에 따른 거주지 선호도 조사 탐구

탐구주제2 농산어촌 이주에 영향을 미치는 심리적 요인 분석

탐구주제3 100세 시대, 웰 에이징well-aging을 위한 지역별 수요 충족 방안 탐구

관련계열 및 학과

인문계열 인류학과, 상담심리학과, 심리학과, 철학과, 문화재학과

사회계열 사회복지학과, 사회학과, 경제학과, 행정학과, 공공행정학과, 공공인재학과, 도시행정학과, 법학과, 아동·청소년학과, 지리학과, 관광학과, 호텔경영학과

교육계열 사회교육과, 가정교육과, 윤리교육과, 환경교육과, 지리교육과

02

2022 이야기 IP 확장 사례 분석 및 활성화 방안 연구

자료소개

이야기 IP 확장 사례 분석 및
활성화 방안 연구

Case Study and Activation Plan of Story IP Extension

2022

이 연구는 한국적 상황에 맞는 이야기 IP 확장의 개념 및 틀 정립, 이야기 IP 확장 과정의 복잡성을 관통할 수 있는 유형화 및 사례 분석을 통해 유형별 모델과 점수화 가능한 매뉴얼 도출을 목적으로 한다.

연구를 통해 이야기 IP 확장의 2대 영역을 크로스미디어/트랜스미디어로 분류하고, 국내에서 이야기 IP 확장이 활발히 이루어지는 9개 미디어 분야와 이야기 IP 확장 과정에 관여하는 주체들을 고려하여 창작(창작자), 향유(사용자), 산업(미디어 기업)의 3대 관점을 적용함으로써 유형화했다. 이야기 IP 확장은 단순히 종이출판에서 웹으로의 플랫폼 변화만을 의미하는 것이 아님을 유형별 사례를 통해 검증했다.

핵심키워드

이야기 IP, 기초 이야기 산업, 콘텐츠 및 일반 이야기 산업, 스토리움

출처 | 한국콘텐츠진흥원

탐구주제

탐구주제1	이야기 산업 성장에 따른 창작 활동 장르 분석
탐구주제2	문예 창작 활동의 장애 요인 분석 및 해결 방안 탐구
탐구주제3	이야기 IP 확장이 창작물의 경쟁력 강화에 미치는 영향 탐구

관련계열 및 학과

인문계열	문예창작과, 국어국문학과, 언어학과, 영어영문학과, 중어중문학과, 일어일문학과
사회계열	문화콘텐츠학과, 미디어커뮤니케이션학과, 경제학과, 신문방송학과
공학계열	소프트웨어학과, 소프트웨어공학과, 정보보안학과, 정보통신공학과

03

2022 한국인의 의식·가치관 조사

자료소개

이 자료는 한국인의 의식·가치관을 파악하여 정부정책 추진 및 인문사회과학연구의 기초자료로 활용하고자 3년마다 실시되고 있는 설문조사의 결과보고서이다. 조사 항목은 '개인생활', '결혼/가족생활', '일/여가/노후생활', '사회적 지지/가치관 일반', '갈등/신뢰/공정', '사회 일반/참여', '문화/역사/정체성', '북한/통일' 총8개 분야로 구성되었다.

조사 결과, '건강'을 가장 중요한 가치로 응답했으며, '한국 사람인 것이 자랑스럽다'에 응답자의 89.8%, 개인의 행복을 묻는 문항에 응답자의 65%가 '행복하다'고 답했다. 이처럼 각 응답 결과를 바탕으로 한국인의 의식과 가치관 이해를 위한 참고 자료를 제공한다.

핵심 키워드

한국인의 의식·가치관, 물질주의/탈물질주의, 경쟁주의/평등주의, 집단주의/개인주의

출처 | 문화체육관광부

탐구주제

탐구주제1	행복에 대한 국가별 인식 차이 비교
탐구주제2	연도별 국민 통일인식의 주요 변화 탐구
탐구주제3	우리 사회의 핵심 갈등 요인 분석 및 해결 방안 탐구

관련계열 및 학과

인문계열	철학과, 심리학과, 상담심리학과, 북한학과
사회계열	사회학과, 경제학과, 행정학과, 정치학과, 언론정보학과, 금융보험학과, 법학과
교육계열	교육학과, 국어교육과, 사회교육과, 윤리교육과, 가정교육과, 아동보육학과, 초등교육과, 특수교육과, 환경교육과, 역사교육과

04

2022년 혐오표현 관련 대국민 인식조사

이 자료는 최근 우리 사회의 건강한 발전을 저해하는 '혐오표현'에 대한 국민들의 인식 및 정책 관련 개선사항을 파악하여 국민의 눈높이에 맞춘 정책 개발을 지원하고자 전국의 만 15세 이상 남녀 1,209명을 대상으로 진행한 온라인 조사 결과를 발표한 보고서이다.

조사 내용은 온라인/오프라인 각각 혐오표현을 접해본 경험 및 접한 경로, 대상자 유형별 혐오표현을 접해본 경험, 혐오표현을 사용해 본 경험, 혐오표현이 일상생활에 미친 영향, 혐오표현 문제의 심각성, 코로나19와 같은 대재난이 혐오표현에 미치는 영향, 혐오표현에 대한 인식, 혐오표현의 법적 규제 필요 여부에 대한 찬반 의견, 혐오표현 법적 규제 도입의 필요성과 효과성, 혐오표현 감소를 위한 과제로 구성되어 있다.

핵심 키워드
혐오표현, 정치·이념·종교, 인종·민족, 성정체성, 지역, 장애, 재난피해, 저소득층

출처 | 문화체육관광부

탐구주제

탐구주제1 혐오표현 경험이 일상생활에 미친 영향 분석

탐구주제2 혐오표현의 법적 규제에 대한 찬반 쟁점 분석

탐구주제3 연령별 혐오표현 노출 빈도 및 대응 방식에 대한 비교 탐구

관련계열 및 학과

인문계열 언어학과, 심리학과, 상담심리학과, 철학과

사회계열 사회학과, 미디어커뮤니케이션학과, 법학과, 신문방송학과, 언론정보학과

교육계열 교육학과, 국어교육과, 사회교육과, 윤리교육과, 가정교육과, 아동보육학과, 초등교육과, 특수교육과, 유아교육과

05

MZ세대 인식조사를 통한 세대 통합방안 최종보고서

● 자료소개 ●

이 연구는 제주지역 MZ세대가 직면하고 있는 다양한 현안 문제를 11개 영역(건강생활, 주거생활, 결혼 및 육아, 가족관계, 경제활동, 직장생활, 학교생활, 세계관 및 사회 인식, 공동체 의식 및 사회참여, 제주특별자치도 청년정책, 환경과 안전 등)으로 구성하여 조사하고, 이를 근거로 세대 간 통합방안 및 제주지역의 지속가능한 발전에 기여할 수 있는 정책을 제안하는 데 목적이 있다.

연구 결과, 세대 통합을 위해서는 기성세대의 긍정적 이미지 제고, 의사소통의 어려움 해소, 기성세대에 대한 인식조사 시행으로 세대간 차이에 대해 심도 있는 이해가 이루어져야 하며, 조사 대상이 도내 MZ세대로 제한되었다는 한계가 있으므로 인식조사가 도외로 확장될 필요성이 있음을 제언한다.

핵심 키워드
🔍 MZ세대, 기성세대, 제주특별자치도, 청년정책, 세대 통합

출처 | 제주특별자치도, 사단법인 미래발전 전략연구원

탐구주제

탐구주제1	MZ세대 의사소통의 특징적 현상 탐구
탐구주제2	MZ세대와 기성세대의 스트레스 대응 방식 비교 조사
탐구주제3	지역별 MZ세대 청년의 자립 시기 및 청년 1인가구 비율 비교 탐구

관련계열 및 학과

인문계열	철학과, 심리학과, 상담심리학과, 인류학과, 언어학과
사회계열	사회학과, 사회복지학과, 공공인재학과, 미디어커뮤니케이션학과, 행정학과
교육계열	국어교육과, 사회교육과, 윤리교육과, 가정교육과, 교육학과

06

남북 문화·자연유산 교류 협력의 사례와 방안

자료소개

이 자료는 2019~2021년 남북 문화유산 정책포럼에서 다룬 발표를 중심으로 2개 주제, 9편의 원고를 모아 발간한 학술총서이다.

세부 내용으로 '문화유산' 분야에서 ①북한의 세계유산 개성역사유적지구 보존과 남북 협력 방안, ②개성 만월대 디지털기록관의 구축과 활용, ③개성 한옥 보존사업의 경과와 조치, ④남북 문화유산 교류 협력의 국내 역량 강화 방안을 주제로 다룬다. 이어서 '자연유산' 분야에서는 ①DMZ 생태환경과 세계유산 등재 추진, ②북한의 서해안 갯벌 연구, ③습지 생태자산 보전을 위한 남북 협력, ④추가령 열곡대 DMZ 일원 지질환경과 남북 공동연구, ⑤비무장지대 경유 이동철새 현황과 보전 전략에 대해 다루며 남북한의 교류 협력 방안을 제언한다.

핵심키워드

문화·자연유산, 남북 문화유산 정책포럼, 유네스코 세계유산, OUV, 월경유산

출처 | 국립문화재연구원

탐구주제

탐구주제1 세계유산목록에 등재된 우리나라 등재 유산의 OUV 유지 방안 탐구

탐구주제2 남북한 공동등재 가능한 문화·자연유산 후보 제안 및 협력 방안 모색

탐구주제3 서해안 갯벌의 세계자연유산 추가 등재에 따른 탄소중립 가치행동 탐구

관련계열 및 학과

인문계열 문화재학과, 북한학과, 인류학과, 사학과, 고고학과

사회계열 사회학과, 정치외교학과, 지리학과, 행정학과, 관광학과, 문화콘텐츠학과

자연계열 환경학과, 해양학과, 생물학과, 산림학과, 농생물학과

'다음 단계 시대 가치 창조'를 위한 기초 연구

자료소개

이 연구는 인공지능의 도전과 기후재앙의 경고 와중에 우리 삶을 떠받치고 있는 자유주의, 민주주의, 자본주의 체제와 가치들이 위협받고 있는 상황에서 '다음 단계 시대 가치'는 무엇이어야 하는가를 문명사적으로 검토하는 것을 목적으로 한다.

연구 결과, 현대 문명의 핵심적인 문제는 인공지능의 도전과 같은 기술적인 문제나 기후변화, 정치·경제 체제의 위기와 같은 외부적 요인들이 아니라, 인간성을 좁게 제한하고 규정하여 감정을 억압한 이성주의에 있음을 밝혔다. 이를 극복할 대안으로 이성 중심의 합리성(Rationality)을 넘어 감정을 포괄하는 합정리성(合情理性, Reasonableness)을 제안하며, 지성·감성·영성이 조화로운 '완전한 인간' 및 '정다운 사회'의 필요성을 시사한다.

핵심키워드

트랜스휴머니즘, 호문쿨루스 에코노미쿠스, 지성·감성·영성, 관계적 존재론

출처 | 태재미래전략연구원

탐구주제

탐구주제1	미래 사회에 지향해야 할 인류 보편가치에 대한 탐구
탐구주제2	'잉여인간' 사회의 도래가 자유민주주의에 미치는 영향 탐구
탐구주제3	AI 기술의 발전과 인간 지성 · 감성 · 사회성 발달의 상관성 분석

관련계열 및 학과

인문계열	철학과, 인류학과, 심리학과, 사학과, 북한학과, 종교학과
사회계열	사회학과, 정치외교학과, 법학과, 사회복지학과
교육계열	교육학과, 사회교육과, 윤리교육과, 역사교육과, 가정교육과, 환경교육과

08

대한민국 미래전망 연구

자료소개

이 연구는 대한민국의 규범적 미래 목표를 제시하고, 그 목표에 이르는 길을 전망하고자 2021년도에 국민과 도출한 '선호미래'(성숙사회) 실현을 위한 '회피미래' 대응 정책과 전략을 고안하는 데 목적이 있다.

이를 위해 관계, 환경, 교육, 경제, 정치, 국제를 연구 6대 분야로 설정하고 총 12개의 핵심질문을 제시하여 주요 트렌드와 추세를 분석했으며, 선호미래 실현을 위한 2037년 중장기 전략과 2027년 최우선 정책을 도출했다.

연구 결과, 탈집중화/함께 성장/돌봄 사회 도래라는 중요한 전략적 방향을 제시하며, 우리 사회가 '성장사회'의 한계를 넘어 '성숙사회'로 나아갈 때 갖춰야 할 전략적 자원으로써 이 세 가지 요소의 필요성을 강조한다.

핵심키워드

미래 전망, 이머징 이슈, 사회변화 트렌드, 성장사회, 성숙사회, 탈집중화

출처 | 국회미래연구원

탐구주제

탐구주제1 이머징 기술과 인문학의 융합 가능성 탐구를 위한 사례 조사

탐구주제2 '성장사회'에서 '성숙사회'로의 전환을 위한 실천적 과제 탐구

탐구주제3 '비기술적 혁신Non-Technological Innovation'을 통한 미래 사회 모습 전망

관련계열 및 학과

인문계열 철학과, 인류학과, 심리학과, 사학과, 북한학과, 종교학과

사회계열 사회학과, 정치외교학과, 법학과, 사회복지학과, 경제학과, 경영학과, 행정학과

교육계열 교육학과, 사회교육과, 윤리교육과, 기술교육과, 가정교육과, 환경교육과

09

문화예술기반 사회적 치유 정책방안 연구: 외로움·사회적 고립감 완화를 중심으로

· 자료소개 ·

이 연구는 사회구성원 누구나 디지털을 통한 비대면 소통의 증가와 사회적 연결 약화에 따른 외로움·사회적 고립감을 겪고 있음에도, 이를 논의·해결할 체계적인 정책 지원은 부재한 상황이라는 점에 주목하여 문화예술기반 '사회적 치유' 정책방안 마련의 필요성을 배경으로 삼고 있다.

연구를 통해 외로움·사회적 고립감의 개념과 한국 사회의 실태를 검토하고, 영국, 일본의 외로움·사회적 고립 대응 정책 사례를 분석했다. 그 결과, 국내 외로움·고립감 완화를 위한 정책 영역과 정책 사각지대 발굴, 문화예술기반 외로움·사회적 고립 해소를 위한 마음건강 회복 치유정책의 필요성과 방향을 제언한다.

핵심키워드 사회적 치유, 외로움·사회적 고립감, 치료, 돌봄, 치유

출처 | 한국문화관광연구원

탐구주제

탐구주제1	국내 돌봄정책의 지원 대상 및 유형의 개선점 분석
탐구주제2	돌봄 · 치유 프로그램의 사회적 연결성 증진 효과 분석
탐구주제3	문화예술기반 외로움 · 고립감 치유 활동의 인프라 현황 조사

관련계열 및 학과

인문계열 심리학과, 상담심리학과, 철학과, 인류학과

사회계열 사회복지학과, 사회학과, 공공행정학과, 문화콘텐츠학과, 미디어커뮤니케이션학과

예체능계열 공예학과, 관현악과, 무용학과, 뮤지컬학과, 방송연예과, 뷰티디자인학과, 성악과, 사진학과, 서양화과, 실용음악학과, 연극영화학과, 음악학과, 작곡과, 조소과

10

미래지향 인구교육을 위한 정책연구

자료소개

이 연구는 지금까지 정부 인구정책의 초점이 합계출산율 상승에 맞춰져 있었고, 저출산 현상의 원인으로 주로 보육의 사회적 책임과 젠더 이슈가 지목되었기 때문에 이 분야들이 인구교육의 중심 아젠다로 설정되어 왔으나, 앞으로는 기존 가치관 교육의 딜레마를 극복하여 미래지향적 인구교육으로 전환해야 함을 시사한다.

연구를 통해 '학교 인구교육'의 확장을 위한 콘텐츠와 포털 활용, 교사 역량 강화, 교육과정 연계 프로그램 등을 제안한다. 더불어 일반인 대상의 '사회 인구교육'을 위해서는 대상별로 다양한 접근 전략이 필요하고, 가치관 콘텐츠에는 연령 차별주의 지양, 다양한 가족 수용, 양성평등 관점이 필요하다는 방향성을 제언한다.

핵심키워드

인구변동, 인구 리터러시, 인구교육, 저출산·고령화, 인구정책

출처 | 보건복지부

탐구주제

탐구주제1	인구교육 콘텐츠의 인구 리터러시 역량 탐구
탐구주제2	저출산과 비혼 이슈에 대한 청년세대의 피로감 실태조사
탐구주제3	저출산과 고령화를 넘어 인구정책 패러다임 전환의 필요성 탐구

관련계열 및 학과

인문계열 인류학과, 철학과, 상담심리학과, 심리학과

사회계열 사회복지학과, 사회학과, 경제학과, 행정학과, 공공행정학과, 공공인재학과, 도시행정학과, 경영학과, 법학과

교육계열 교육학과, 사회교육과, 가정교육과, 윤리교육과, 초등교육과, 아동보육학과

11 북한의 중산층

자료소개

이 연구의 목적은 북한 중산층의 개념 정의와 유형, 각 중산층 유형에 속하는 인구집단의 특징, 중산층 지위를 규정하는 지표들, 성장배경과 자본 형성 및 축적 방식, 생활양식과 소비문화, 중산층의 사회적 자본과 사회 이동 등을 분석함으로써 북한 중산층의 실체에 대한 심층적 이해를 돕는 것이다.

연구를 통해 북한 중산층을 세 가지 유형(권력형, 전문가형, 상업형)으로 분류하여 각 유형의 특징을 분석하고, 세 가지 측면(소득, 소비지출, 자산 보유)에서 중산층의 경제적 지위를 분석했다. 이를 바탕으로 북한 중산층의 성장이 북한 사회의 개방성과 역동성, 계층 갈등 구조를 보여주는 중요한 척도임을 시사한다.

핵심키워드 중산층, 불평등, 출신성분, 사회자본, 사회이동, 소비자사회주의

출처 | 통일연구원

탐구주제

탐구주제1 북한 중산층의 계층 지위 획득 및 재생산 방법 탐구
탐구주제2 남북한 중산층의 사회적 · 경제적 지위 및 특징 비교
탐구주제3 북한의 소비활동 변화에 따른 사회 역동성 변화 탐구

관련계열 및 학과

인문계열 북한학과, 사학과, 인류학과, 철학과, 심리학과
사회계열 사회학과, 사회복지학과, 정치외교학과, 무역학과, 행정학과, 지리학과
교육계열 사회교육과, 역사교육과, 윤리교육과, 지리교육과, 초등교육과, 교육학과

12

사회통합 실태 진단 및 대응 방안 연구 (VIII) – 사회·경제적 위기와 사회통합

자료소개

이 보고서는 코로나19가 가져온 사회·경제적 파장과 그 결과가 개인과 가족에 미친 영향을 탐색하고, 사회·경제적 위험과 사회통합, 정신건강 간의 관계를 가늠함으로써 정책적 함의와 시사점을 얻는 것을 목적으로 한다. 조사 결과, 코로나19 팬데믹 이후 '모두 한배를 탔다'는 인식, 시의적절한 방역 대응과 사회적 거리두기 등 효과적 대응의 성공으로 국민의 자부심, 신뢰감, 위기 대응력, 사회 전반적인 사회통합 인식이 크게 높아진 것으로 나타난다. 다만 지난 외환위기에서 확인했듯 재난 시기에 높아진 사회통합 인식은 지속적이지 않다는 점, 사회통합 인식이 상승한 것에 비해 사회적 지지 및 사회적 자본이 두드러지게 낮아진 점을 고려할 때, 근본적인 해결 방안이 요구됨을 제언한다.

핵심키워드

코로나19, 사회통합, 사회적 포용, 사회적 지지, 사회적 자본, 위기 대응력

출처 | 한국보건사회연구원

탐구주제

탐구주제1 사회·경제적 위기 상황이 사회 결속력에 미치는 영향 탐구

탐구주제2 코로나19 전후 연령대·소득·지역별 삶의 만족도 변화에 따른 시사점 탐구

탐구주제3 우리 지역 위기관리 사각지대 발굴 및 마을 단위 사회적 자본 형성 방안 모색

관련계열 및 학과

인문계열 심리학과, 상담심리학과, 철학과, 인류학과

사회계열 사회복지학과, 사회학과, 경제학과, 행정학과, 공공행정학과, 공공인재학과, 도시행정학과, 경영학과, 미디어커뮤니케이션학과, 신문방송학과, 언론정보학과

교육계열 교육학과, 사회교육과, 가정교육과, 윤리교육과, 초등교육과, 아동보육학과

13

엔데믹 이후의 인문학

NRF-건행중심리본용
NRF-2014XXXX-1-26

NRF
ISSUE REPORT ISSN 2586-1121
2022_12호

엔데믹 이후의 인문학!

1. 사회적 젊음과 젊은 인문학
2. 엔데믹 시대 대중의 삶의 양식과 그 소통의 콘텐츠적 특성
3. 엔데믹의 역사, 기억의 인문학
4. 재생산적 독서(Reproductive Reading)
5. 한 인문학의 목소리를 찾아 떠나기

NRF 한국연구재단

자료소개

이 자료는 '엔데믹 이후의 인문학'을 대주제로 하고, 인문학 분야의 저자들이 각각의 소주제를 구성하여 이슈리포트 형식으로 작성한 보고서이다. 연구를 위한 서언을 통해 엔데믹 이후의 삶을 준비하기 위해 사유할 때는 바로 지금이라고 선언하고, 고전학자/사학자/문학자/미학자가 각각의 주제에서 공통적으로 엔데믹 이후의 인문학에 대해 담론하는 배경을 밝혔다.

결론적으로 사람들이 팬데믹 위기에 경험했던 차별, 혐오, 공포, 불신, 거짓 등 불행한 기억에 대해 깊이 사유하고 성찰하는 데 있어 인문학이 예방과 치유의 힘을 발휘하여 사회적 젊음과 성숙을 이끌 것임을 공통적으로 시사한다.

핵심 키워드

팬데믹 재인식, 엔데믹, 재생산적 독서, 사회적 젊음, 젊은 인문학

출처 | 한국연구재단

탐구주제

탐구주제1	디지털 미디어를 통한 대중화 현상에 대한 비판적 탐구
탐구주제2	전염병에 관한 기억의 망각 및 억압이 나타난 역사적 사례 탐구
탐구주제3	혐오와 차별의 재생산을 극복하는 젊은 인문학의 실천 사례 탐구

관련계열 및 학과

인문계열	철학과, 인류학과, 사학과, 심리학과, 고고학과, 국어국문학과, 영어영문학과
사회계열	사회학과, 정치외교학과, 언론정보학과, 신문방송학과, 문화콘텐츠학과
교육계열	교육학과, 국어교육과, 윤리교육과, 역사교육과, 사회교육과, 초등교육과

14

유물과 마주하다
: 내가 만난 국보 · 보물

● **자료소개** ●

이 자료는 국립문화재연구원 미술문화재연구실이 추진하는 '국가지정 동산문화재 정기조사' 과제의 2022년도 결과물이다. 특히 문화유산 보존·관리의 최전선에서 유물을 직접 조사한 연구자의 연구 내용과 함께 조사 과정의 경험담이 녹여져 있어 지식에 재미를 더한다. 또한, 유물의 세부 모습과 조사 장면을 담은 사진이 실려 있어 현장 분위기를 생생하게 느낄 수 있으며, 해당 유물에 관한 참고 자료도 수록되어 관련 연구 성과를 편리하게 찾아볼 수 있다.

책의 발간사를 통해 우리 문화유산을 알고 지키는 일은 미래 세대가 우리 문화를 발전시키는 원동력이 될 것임을 전망한다.

핵심키워드 🔍 문화재, 국보, 보물, 환지본처(還至本處), 문화재 환수

출처 | 국립문화재연구원

탐구주제

탐구주제1 유물의 종류별 보존 방법과 최적의 보존 환경 탐구

탐구주제2 문화재 · 미술품 물납제도의 해외 운영 사례 및 국내 도입의 쟁점 분석

탐구주제3 국가등록문화재와 국가지정문화재 구분에 따른 보호 · 관리의 차이점 분석

관련계열 및 학과

인문계열 문화재학과, 고고학과, 사학과, 인류학과, 문헌정보학과

교육계열 역사교육과, 국어교육과, 한문교육과, 미술교육과, 음악교육과, 사회교육과

예체능계열 미술학과, 공예학과, 음악학과, 작곡과, 조소과

15

인간과 비인간의 경계에 대한 정치철학적 고찰

• 자료소개 •

이 연구는 인류세로 명명되는 시대적 위기를 인식하며 인간(성) 개념을 재고하는 흐름 속에서 타자 폭력에 저항하는 인간의 책임에 주목하여 아렌트와 해러웨이의 인간(성) 규정의 접점을 분석하는 것에서 출발한다.

연구자는 인간 사회에서 지속된 타자 폭력의 체계로부터 벗어나는 실천이 필요한데, 이를 위해서는 인간(성)의 재규정과 공적 영역을 다룰 정치적 행위(시민적 역량)가 필수적이라고 보았다.

이를 토대로 아렌트와 해러웨이의 사유를 통해 시대적 공멸 위기에 응답하기 위한 인간 이해의 기본 방향을 설정하고, 인간과 인간의 관계에서 타자 폭력 해체 방법, 인간과 비인간 존재와의 관계에서 타자 폭력 해체를 위한 SF 실천 방법에 대해 모색하며 타자들과의 '공-거'를 제언한다.

핵심 키워드

인간(성), 사적 인간, 폴리스, 공적 영역, 비인간화, 동물화, 타자 폭력, 공-거

출처 | 가톨릭대학교 인간학연구소

탐구주제

탐구주제1 인간과 비인간 존재들의 공존적 연대를 위한 실천 과제 탐구

탐구주제2 혐오 사회에서 비인간화된 존재들의 연대를 위한 실천 방안 모색

탐구주제3 새로운 지질시대 '인류세Anthropocene'의 지속을 위한 인간의 의무 탐구

관련계열 및 학과

인문계열 철학과, 인류학과, 영어영문학과, 사학과, 심리학과

사회계열 사회학과, 정치외교학과, 사회복지학과

교육계열 교육학과, 사회교육과, 윤리교육과, 역사교육과, 환경교육과, 초등교육과

16

인공지능 이용 인식조사
결과보고서

자료소개

이 보고서는 일반 국민을 대상으로 인공지능 기술에 대한 인식 수준, 개념 범위, 우선적으로 인공지능이 적용되어야 하는 영역 등을 파악하여 인공지능 대중화를 위한 정책 및 세부 전략 수립의 기초자료 생산에 목적을 둔다.

조사 결과 AI인지도·서비스, 경험·난이도 등은 긍정적이었으나, 신뢰도·활용수준·교육경험 등은 부족한 상태로 나왔다. 세대별 인공지능에 대한 관심도의 경우, 50~60대도 높은 관심과 활용의지, 기대감을 나타내 AI 대중화에 대한 긍정적 신호를 보였으며, 활용 방법 및 비즈니스 관련 교육에 대한 수요가 높게 나타났다. 공공 영역에서 인공지능의 역할/사례는 아직 부족한 것으로 나타나 국민 체감형 공공서비스의 개발이 필요함을 제언한다.

핵심키워드

인공지능 인지도·관심도, 기술 신뢰도, 서비스 활용도, 대중화, 교육, 역기능

출처 | 4차산업혁명위원회

탐구주제

탐구주제1	인공지능 역기능 사례 조사 및 대응 방안 모색
탐구주제2	인공지능 이용 격차에 따른 취약계층 소외 대책 탐구
탐구주제3	공공부문 보편적 인공지능 서비스 확대 및 개선 방안 탐구

관련계열 및 학과

인문계열	심리학과, 심리상담학과, 철학과, 인류학과
사회계열	미디어커뮤니케이션학과, 문화콘텐츠학과, 사회학과, 사회복지학과
교육계열	컴퓨터교육과, 기술교육과, 교육학과, 사회교육과, 윤리교육과

17 인구소멸시대 다문화 사회인식에 관한 연구

자료소개

본 연구는 정부 국정 과제인 다문화 사회인식 제고와 함께 장기적으로는 인구의 사회적 증가를 위한 다문화 교육 모델 개발, 이를 법제화할 수 있는 방안 제시를 목적으로 한다.

연구를 통해 국내 다문화 교육은 다문화 학생을 대상으로 학교 중심의 교육이 진행되고 있음을 알 수 있다. 한편, 학생 다문화 교육에 비해 양적·질적 측면에서 열세인 성인 대상 다문화 교육은 이주자들을 한국 사회에 적응하도록 하는 '동화주의' 교육에 치중함으로써 이주민과 정주민 양쪽 모두에게 자기소외와 상대적 박탈감 등 부정적 인식을 심화하는 것으로 나타났다. 이를 극복하고자 다문화 사회 시민교육 방안으로 제주지역의 고유 가치에서 발굴한 '쿰다인문학'을 제시했다.

핵심키워드 인구소멸, 인구의 사회적 증가, 다문화 사회인식, 다문화 교육, 성인 다문화 교육

출처 | 경제·인문사회연구회

탐구주제

탐구주제1 타자와의 공존 모델에서 '쿰다인문학'의 가치 탐색
탐구주제2 현행 가족제도 개선을 통한 인구소멸 완화 방안 탐구
탐구주제3 동화주의적 다문화 교육 실태조사 및 부정적 인식의 개선 방안 제안

관련계열 및 학과

인문계열 철학과, 인류학과, 심리학과, 심리상담학과, 사학과
사회계열 사회학과, 사회복지학과, 미디어커뮤니케이션학과, 문화콘텐츠학과, 행정학과, 공공인재학과, 공공행정학과, 관광학과, 도시행정학과
교육계열 교육학과, 윤리교육과, 사회교육과, 역사교육과, 가정교육과, 초등교육과

18

좋은 사회로의 대전환
-쏠림사회에서 개성사회로-

• 자료소개 •

좋은 사회로의 대전환
- 쏠림사회에서 개성사회로 -

이 자료는 국가미래전략에 대한 심층분석 결과를 적시 제공하는 브리프형 보고서이다. 우리 사회가 구성원들이 행복감을 느끼는 좋은 사회로 전환하기 위해 극복해야 할 과제로 '쏠림사회 현상'에 주목했다. 한국은 1950년대 이전의 '기회 정체시대'와 1960년대 이후의 '기회 팽창시대'를 거쳐 현재는 '기회 쏠림사회'가 되었으며, 그 대표적 예로 수도권 집중, 학교교육과 전공 선택의 쏠림, 직업 선택의 쏠림 현상을 지목했다.

연구를 통해 싱가포르와 핀란드의 벤치마킹 사례를 제시하며, 대한민국의 좋은 사회 실현 방안으로 다음과 같은 세 가지 정책을 제안했다.

❶ 5천만 개의 꿈을 꾸는 개성사회로의 대전환 비전
❷ 개성사회 촉진을 위한 과감한 교육개혁
❸ 사회적 약자를 위한 더 많은 기회 제공

핵심 키워드
좋은 사회, 쏠림사회, 개성사회, 성장사회, 성숙사회, 다원화된 가치, 행복

출처 | 국회미래연구원

탐구주제

탐구주제1	우리 사회 기회 쏠림 현상의 대표적 사례 탐구
탐구주제2	좋은 사회를 만드는 핵심가치에 대한 고등학생 인식 조사
탐구주제3	싱가포르와 핀란드의 좋은 사회 추진 사례에서의 시사점 탐구

관련계열 및 학과

인문계열	철학과, 심리학과, 상담심리학과, 인류학과
사회계열	사회학과, 사회복지학과, 행정학과, 공공행정학과, 정치외교학과, 법학과, 경제학과
교육계열	교육학과, 사회교육과, 윤리교육과, 가정교육과, 지리교육과, 특수교육과, 초등교육과, 유아교육과, 아동보육학과, 환경교육과

19

중단기 문화정책 방향과 과제

자료소개

이 연구는 코로나19 이후 대내외적 환경 변화와 정책 현안을 분석하고, 국가 단위에서 중단기적 관점으로 추진해야 할 문화정책의 전략적 방향을 도출하고자 한다. 그리고 이에 따라 문화예술, 스포츠, 관광 및 콘텐츠 등 분야별·전략별 추진 과제를 제시하는 것에 목적을 둔다.

연구 결과, 우리 사회의 거시 환경 변화 이슈와 위드 코로나 시대의 문화정책 수요 분석을 토대로 6개 분야에서 다음과 같은 전략별 추진 과제를 도출했다.

❶ 국민기본권으로서 문화권 신장
❷ 문화력을 통한 '소프트파워' 강화
❸ 지속가능성 제고를 위한 '디지털·그린' 전환
❹ 신성장동력 창출을 위한 '산업경쟁력' 제고
❺ 문화로 지역의 '균형발전' 및 '활력' 제고
❻ 협력적 '거버넌스'를 위한 기반 구축

핵심키워드
문화권, 소프트파워, 디지털·그린, 산업경쟁력, 지역 균형, 거버넌스, 인문가치

출처 | 문화체육관광부

탐구주제

탐구주제1	콘텐츠 산업의 ESG 연계 강화를 위한 실천 과제 도출
탐구주제2	문화를 통한 소멸위기 지역의 방문자 경제 실현 방안 탐구
탐구주제3	지역별 문화 인프라 구축 실태 분석 및 격차 해소 방안 탐구

관련계열 및 학과

인문계열 문예창작학과, 문화재학과, 문헌정보학과, 철학과, 국어국문과, 심리학과

사회계열 문화콘텐츠학과, 사회학과, 사회복지학과, 경제학과, 행정학과, 관광학과, 국제통상학과

교육계열 교육학과, 사회교육과, 윤리교육과, 지리교육과, 음악교육과, 미술교육과, 환경교육과, 체육교육과, 컴퓨터교육과, 초등교육과

20

중독사회 극복을 위한 생명 감수성 향상 필요성과 방안 연구

자료소개

중독사회 극복을 위한 생명
감수성 향상 필요성과 방안 연구

조준호
고려대학교

www.kci.go.kr

이 연구는 문명과 사회적 환경이 어떻게 생명과 생명 감수성을 소외시켰는지 규명하고, 중독사회에 대한 대응으로써 생명 감수성 향상의 필요성과 방안을 제시하고자 한다.

연구를 통해 중독사회의 의미, 생명과 생명 감수성의 의미를 인간학적으로 고찰했으며, 중독사회를 조장하는 인간 사회와 문명 등 환경의 문제를 분석하여 해법을 제시했다. 특히 중독사회 극복을 위한 생명 감수성을 내적 영역과 외적 영역으로 구분한다. 내적 영역에서는 경험(체험)/지식(과학)/문화(교양)의 세 가지 경로를 통해 생명 감수성을 증대할 수 있으며, 외적 영역에서는 반생명적 문명 환경에 대한 방어적 지식과 대응력을 길러 생명 감수성을 회복할 것을 제언한다.

핵심 키워드

중독, 중독사회, 생명, 생명 감수성, 생명자아, 생명속성, 생명외경

출처 | 서강대학교 생명문화연구소

탐구주제

탐구주제1	중독에 대한 책임 논쟁 탐구
탐구주제2	자본주의 시장을 움직이는 중독 메커니즘mechanism 탐구
탐구주제3	생명 감수성 프로그램이 중독 예방에 미치는 효과 탐구

관련계열 및 학과

인문계열	철학과, 심리학과, 상담심리학과, 인류학과
사회계열	소비자학과, 사회복지학과, 공공행정학과, 미디어커뮤니케이션학과, 행정학과
교육계열	사회교육과, 윤리교육과, 과학교육과, 가정교육과, 초등교육과, 교육학과

21

축제의 인문학적 제논의 분석 연구

자료소개

특별연구 2021

축제의 인문학적 제논의 분석 연구

Analysis of the Humanities Discussions of Festivals

홍철아

www.kcti.re.kr

이 연구는 기존 축제 관련 정책보고서에 담아내지 못했던 축제연구의 이론적 논의 부분에 대한 개설서이다. 문헌조사 연구와 부분적인 현장조사 방법이 활용되었으며, 인문학적 관점에서 축제를 분석할 때 유용하게 활용할 수 있는 대표적인 개념 및 관련 사례 제시를 목적으로 한다.

연구를 통해 호모루덴스와 판타지 개념, 축제적 유토피아와 갈등 현상 표출의 개념을 원론적 차원에서 분석하고, 연행적 관점을 축제 분석에 적용하는 것의 효율성을 밝혔다. 또한 축제의 역동적 변화 상황을 텍스트와 컨텍스트(사회적 맥락)를 융합하여 분석하는 것의 필요성을 제시하며, 축제 소품인 가면이 문화적 장치로써 내포하는 의미에 대해 분석했다.

핵심키워드

호모루덴스, 판타지, 축제, 축제적 유토피아와 갈등, 문화정체성, 연행론

출처 | 한국문화관광연구원

탐구주제

탐구주제1	축제에 내포된 저항의 메시지 탐구
탐구주제2	지역 경쟁력 회복에 촉발제가 된 지역축제 사례 조사
탐구주제3	가면 축제에서 행위자acteur와 관람자spectateur의 심리 분석

관련계열 및 학과

인문계열	철학과, 심리학과, 상담심리학과, 인류학과, 고고학과, 문예창작학과, 사학과
사회계열	문화콘텐츠학과, 미디어커뮤니케이션학과, 사회학과, 관광학과, 지리학과
교육계열	국어교육과, 사회교육과, 윤리교육과, 음악교육과, 미술교육과, 체육교육과

22

코로나-19 시대 MZ세대의 사회성 발달 연구

자료소개

이 연구는 팬데믹 상황에서 MZ세대의 사회성이 결핍되었을 것이라는 사회적 우려를 기정사실화하기에 앞서 이를 실증할 필요가 있다는 문제의식에서 출발한다. 이에 MZ세대의 사회성을 연령과 유형에 따라 보다 세분화하여 다각도로 조명하고, 이들의 사회성 발달 실태에 대해 분석함으로써 MZ세대 관련 정책의 시사점 도출을 목적으로 한다.

연구 결과, Z세대 학생 청소년 집단의 사회성 평정 결과가 가장 높게 나타나 MZ세대가 사회적으로 교류하는 공간과 대상은 오프라인에만 국한되지 않음을 실증했다. 또한 사회성 취약 집단은 모든 세대에서 발견되어 사회적 관계의 단절로 문제를 겪는 것은 특정 세대에 국한된 어려움이 아님을 시사했다.

핵심 키워드 사회성, MZ세대, X세대, 학교 밖 청소년, 초점집단면담(FGI)

출처 | 한국청소년정책연구원

탐구주제

탐구주제1 Z세대(학생 청소년) 사회성 발달의 강점 특성 분석

탐구주제2 MZ세대 사회성 발달 지원정책 및 프로그램 사례 조사

탐구주제3 각 세대별 사회성 취약 집단에 대한 맞춤형 지원 방안 탐구

관련계열 및 학과

인문계열 철학과, 심리학과, 상담심리학과, 인류학과

사회계열 사회학과, 사회복지학과, 공공인재학과, 미디어커뮤니케이션학과, 행정학과

교육계열 국어교육과, 사회교육과, 윤리교육과, 가정교육과, 교육학과

23

평화통일체제 수립을 위한 국가전략 연구

자료소개

이 연구는 침체된 통일 논의를 활성화하자는 취지에서 대안적인 통일 전략을 수립하는 데 목적이 있다. 논의에서 주목한 '구조적 변수'는 글로벌 복합위기와 한반도 주변 국제정세이다.

연구를 통해 대안적 개념으로 '평화통일체제'를 제안하고, 역대 한국 정부의 통일정책을 국가전략의 틀에서 평가했다. 나아가 현 정부의 대외정책 방향인 '인도-태평양 전략'을 공식화하여 가치·국익 중심 외교로 전환함으로써 주변국의 주요 이슈와 글로벌 복합위기에 따른 시사점을 도출했다. 분만 아니라, 신흥안보의 입장에서 글로벌 기후 및 보건 위기는 남북간 협력의 매개 요소로 보고, 지속가능한 평화통일체제의 비전과 원칙/방향/목표/실천 전략들을 제언했다.

핵심 키워드

🔍 평화통일체제, 국가전략, 글로벌 복합위기, 전통안보, 신흥안보, 미중 전략경쟁

출처 | 경제·인문사회연구회

탐구주제

탐구주제1	남북 그린 데탕트 추진을 위한 공동사업 분야 탐구
탐구주제2	한반도 주변 국가들의 한반도 관련 정책 변화 비교
탐구주제3	글로벌 리스크 단·중장기 순위에 따른 국가 최우선 과제 탐구

관련계열 및 학과

인문계열	북한학과, 사학과, 인류학과, 철학과, 심리학과
사회계열	사회학과, 사회복지학과, 정치외교학과, 무역학과, 행정학과, 지리학과
교육계열	사회교육과, 역사교육과, 윤리교육과, 지리교육과, 초등교육과, 교육학과

24

한국 역사문화 콘텐츠의 세계화 방안 연구와 게임화를 통한 시범 아이템 제작

자료소개

이 연구는 한국학의 세계화를 목표로 필요한 역사문화 콘텐츠 개발을 위한 구체적인 정책 제시를 목적으로 한다.

연구 결과 조선 초 권근(權近, 1352~1409)이 작성한 '천인심성합일지도(天人心性合一之圖)'를 콘텐츠로 구현했다. 이때, 텍스트 방식이 아니라 게임을 통해 직접 행위를 선택하고, 선택의 결과를 성리학적 관점에서 직접 체험할 수 있도록 제작했다. 샘플 제작을 통해 역사문화 콘텐츠 제작에 따른 실질적인 전 과정을 모두 제시했고, 이를 바탕으로 구체적인 작업의 프로세스와 예산에 대한 아웃라인을 정리하는 성과를 거뒀다. 더불어 체계적 컨트롤 타워 구축, 제작 플랫폼과 유통 플랫폼 병행, 범용 애셋 구비, 실질적 수요 확보 등 향후 과제들을 제언했다.

핵심 키워드

역사문화 콘텐츠, 컨트롤 타워, 천인심성합일지도(天人心性合一之圖), 세계화

출처 | 경제·인문사회연구회

탐구주제

탐구주제1 한국의 역사문화 콘텐츠 사업화를 위한 소재 발굴

탐구주제2 역사문화 콘텐츠의 실질 수요 분석을 통한 사업성 탐구

탐구주제3 문화유산 및 자연유산의 실감형 콘텐츠 제작 현황 분석 및 개선점 제안

관련계열 및 학과

인문계열 문화재학과, 고고학과, 사학과, 인류학과, 문헌정보학과

교육계열 역사교육과, 국어교육과, 한문교육과, 미술교육과, 음악교육과, 사회교육과

공학계열 소프트웨어학과, 컴퓨터공학과, 정보통신공학과, 산업공학과, 정보보안학과

25

한중 MZ세대의 '감성 애국주의'

자료소개

이 연구는 한중 MZ세대의 SNS와 '국뽕' 콘텐츠 등으로 표출된 정동(情動, Affect)을 통해 동아시아 내셔널리즘의 질적 변이를 되짚어보는 것을 목적으로 한다.

연구를 통해 한중 MZ세대들 사이에서 부상한 내셔널리즘에 대해 분석하고, 한중 MZ세대의 사회현실과 세대심리가 지닌 '동시성'을 추출했다. 더불어 이전 세대와 결을 달리하는 한중 MZ세대의 내셔널리즘에 대해 '감성 애국주의' 출현을 가설로 제시하여 자기정체성 관리라는 순기능과 관계 파괴적 에너지라는 역기능을 두루 조망했다. 또한 한중 MZ세대의 혐오에 기반한 내셔널리즘을 세대론적 관점에서 재해석함으로써 동아시아에 만연한 편견과 반목, 그 배후에 작동하는 신자유주의의 폐단을 해부했다.

핵심키워드

한중 MZ세대, 내셔널리즘, 정동, 혐오, 감성 애국주의, 신자유주의

출처 | 중국문화연구학회

탐구주제

탐구주제1 한-중-일 MZ세대의 상호인식에 대한 탐구

탐구주제2 '국뽕' 콘텐츠 심취 현상의 심리적 방어 기제 분석

탐구주제3 MZ세대의 문화 내셔널리즘 경향에 대한 비판적 성찰

관련계열 및 학과

인문계열 철학과, 심리학과, 상담심리학과, 인류학과, 사학과

사회계열 사회학과, 정치외교학과, 문화콘텐츠학과, 미디어커뮤니케이션학과, 언론정보학과

교육계열 국어교육과, 역사교육과, 사회교육과, 윤리교육과, 지리교육과, 교육학과

Ⅱ

사회계열

01

1인가구 삶의 질 제고를 위한 사회적경제 조직 유형 연구

자료소개

이 연구는 1인가구의 삶의 질 제고를 위한 국내외 정책 현황을 파악하고, 1인가구 지원을 위한 사회적경제 조직의 유형별 우수사례 및 정책과제를 발굴하는 데 목적을 둔다.

연구 동기에서 1인가구의 증가는 우리 사회의 중요 현상임에도 불구하고 정책에서 소외되는 경우가 많다는 점, 모든 1인가구가 공통된 특성으로 간주될 수 없는 이질성과 다양성을 지닌 집단이라는 점에 주목했다. 이에 따라 1인가구 당사자 및 정책 전달자를 각각 심층 인터뷰하여 1인가구가 직면한 5개 영역(돌봄·주거·안전·사회적 관계망·생활)에 대한 사례 분석을 함으로써 사회적경제 조직에서 1인가구의 삶의 질 제고를 위한 정책 방향과 사회적 의제를 제안한 연구이다.

핵심 키워드

1인가구, 삶의 질, 사회적경제 조직, 돌봄·주거·안전·사회적 관계망·생활

출처 | 여성가족부, 한겨레경제사회연구원

탐구주제

탐구주제1	사회적경제 조직의 1인가구 맞춤형 지원 성공 사례 탐구
탐구주제2	국내 민간 영리기업의 사회공헌 우수프로그램 운영 현황 분석
탐구주제3	우리 지역의 1인가구 현황 조사 및 지원을 위한 정책 제안 연구

관련계열 및 학과

사회계열	사회복지학과, 사회학과, 경제학과, 행정학과, 공공행정학과, 공공인재학과, 도시행정학과, 법학과, 아동·청소년학과, 지리학과
인문계열	인류학과, 상담심리학과, 심리학과, 철학과
교육계열	사회교육과, 가정교육과, 윤리교육과, 아동보육학과, 특수교육과

02

2021년
국민 다문화수용성 조사

국민 다문화수용성 조사는 3년 주기로 발표되는 국가승인통계로, 성인 5,000명과 청소년 5,000명을 대상으로 실시되었다.

이 연구는 다문화수용성을 다양성·관계성·보편성으로 구분하고, 이를 다시 8개의 하위 구성 요소별로 측정하여 종합지수를 산출했다. 이를 통해 한국사회의 다문화수용성 수준을 다층적으로 파악하고, 관련 정책의 방향과 의제를 발굴하고자 한다.

조사 결과, 성인과 청소년 모두 연령이 낮을수록 다문화수용성이 높게 나타났고, 2018년에 비해 성인과 청소년의 다문화수용성 격차가 커졌다. 또한 코로나19로 교류행동의지와 문화개방성 점수가 낮아졌으며, 다문화교육 참여가 수용성에 긍정적 영향을 미치는 것으로 나타났다.

핵심키워드

다문화수용성, 다양성·관계성·보편성, 교류행동의지, 문화개방성, 다문화 교육

출처 | 여성가족부

탐구주제

탐구주제1 국내 다문화 지원정책에 대한 개선 방안 탐구

탐구주제2 고등학생의 다문화수용성 제고를 위한 정책 제안

탐구주제3 디지털 매체 활용 정도와 다문화수용성의 상관관계 분석

관련계열 및 학과

사회계열 사회학과, 사회복지학과, 정치외교학과, 공공행정학과, 공공인재학과, 도시행정학과, 아동·청소년학과, 행정학과, 지리학과, 미디어커뮤니케이션학과

인문계열 심리학과, 인류학과, 철학과, 상담심리학과

교육계열 교육학과, 사회교육과, 윤리교육과, 가정교육과, 아동보육학과, 초등교육과

03

4차 산업혁명 시대, 일상의 디지털 전환이 초래한 사회갈등의 현황과 대응 방안

• 자료소개 •

이 연구는 우리나라의 4차 산업혁명에 대한 초기 관점은 '생산의 디지털 전환'이었으나, 2019년 말 시작된 코로나19를 계기로 일상적 활동이 온라인 플랫폼을 통해 비대면 방식으로 바뀌는 '일상의 디지털 전환'이 촉진되었고, 이에 따라 다음과 같은 새로운 사회갈등 유형이 나타났음에 주목했다.

❶ 기존 사업자와 플랫폼 사업자의 갈등
❷ 플랫폼 사업자와 입점업체 사이의 갈등
❸ 입점업체와 이용자 사이의 갈등
❹ 이용자 사이의 갈등

연구를 통해 데이터·인공지능·네트워크의 기술 개발과 응용에 대한 지원에만 집중할 것이 아니라 4차 산업혁명이 초래하는 사회갈등의 해결 방안도 균형적으로 마련할 필요성을 밝히며, 이를 위한 법·제도적 과제를 세 가지로 제안했다.

핵심 키워드
4차 산업혁명, 일상의 디지털 전환, 온라인 플랫폼, 사회갈등, 갈등 조정 거버넌스, 입법과제

출처 | 국회입법조사처

탐구주제

 탐구주제1 온라인 플랫폼 유형에 따른 갈등 발생의 특성 비교

 탐구주제2 갈등 조정 거버넌스의 문제해결 사례 분석 및 시사점 도출

탐구주제3 기존 산업과 플랫폼 사업자 사이의 갈등 사례 및 해결 방안 탐구

관련계열 및 학과

사회계열 사회학과, 경제학과, 행정학과, 공공행정학과, 국제통상학과, 무역학과, 법학과, 경영학과, 미디어커뮤니케이션학과, 소비자학과

공학계열 산업공학과, 정보통신공학과, 정보보안학과, 컴퓨터공학과, 소프트웨어학과

교육계열 사회교육과, 윤리교육과, 기술교육과, 컴퓨터교육과, 교육학과

04

5대 신성장 산업의 수출경쟁력 및 경제 기여 진단

자료소개

이 연구는 중국·미국·독일·한국·일본·베트남 등 주요 제조업 수출국을 중심으로 '5대 신성장 산업'의 세계 수출 현황 및 우리나라의 대세계 수출 현황을 점검하고, 팬데믹 기간을 전후로 5대 신성장 산업 수출이 우리 경제와 고용, 부가가치에 미친 성과를 진단하여 향후 방향을 제안하고자 한다.

분석 결과, 우리나라의 차세대 반도체·차세대 디스플레이·전기차·2차 전지의 신성장 산업 부문은 수출경쟁력에서 비교 우위를 나타냈고, 바이오헬스는 경쟁력 약세가 지속되고 있다. 그러나 지속가능한 경제성장 동력을 확보하려면 세계 수출시장 규모가 가장 큰 바이오헬스 산업을 적극적으로 공략해야 하며, 지속적인 R&D 투자와 규제 개선으로 미래 수출경쟁력 제고가 필요함을 시사한다.

핵심키워드

신성장 산업, 수출경쟁력, 수출시장 점유율, 고부가가치 성장 동력

출처 | 한국무역협회

탐구주제

탐구주제1 5대 신산업 분야의 수출 리스크 탐구

탐구주제2 우리나라의 수출시장 다변화 방안 탐구

탐구주제3 바이오헬스 산업의 수출시장 점유율 및 수출경쟁력 우수 국가 사례 분석

관련계열 및 학과

사회계열 국제통상학과, 무역학과, 경제학과, 경영학과, 사회학과, 정치외교학과, 행정학과

공학계열 반도체공학과, 산업공학과, 전기공학과, 전자공학과, 의료공학과, 생명공학과

자연계열 식품영양학과, 농생물학과, 분자생물학과, 식물자원학과, 미생물학과, 동물자원학과, 생물학과, 임상병리학과

ChatGPT 등장과 법제도 이슈

자료소개

| 지능정보사회 법제도 이슈리포트 (2023-01) |

ChatGPT 등장과
법제도 이슈

NIA 한국지능정보사회진흥원

이 보고서는 다양한 ChatGPT 관련 법적 쟁점 중 가장 연관성이 깊고 개선이 필요해 보이는 쟁점(저작권, 개인정보, 오남용, 책임)을 중심으로 살펴보고, 해당 쟁점을 토대로 법제 개선 시 고려해야 할 사항을 제시한다. 연구 결과, 생성형 인공지능기술의 발전과 사용 사례 증가로 새로운 법적 문제가 초래되고 사업적 위험과 기회도 같이 발생할 수 있으므로, 해외 국가들의 동향 파악 및 국제 협력을 통해 법제 개선 방향의 지향점을 맞추어 가면서도 신속성을 담보할 수 있도록 법제 개선을 위한 노력이 필요함을 밝혔다.

핵심 키워드 생성형 인공지능 시대, 저작권·개인정보·오남용·책임

출처 | 한국지능정보사회진흥원

탐구주제

탐구주제1 ChatGPT 제공 판례의 허위 사례 조사

탐구주제2 ChatGPT의 편향적 결과물 생성 사례 조사

탐구주제3 ChatGPT 서비스사별 이용약관 비교 분석 및 개선 방안 탐구

관련계열 및 학과

사회계열 법학과, 사회학과, 미디어커뮤니케이션학과, 언론정보학과, 신문방송학과, 문화콘텐츠학과, 광고홍보학과, 행정학과, 소비자학과

인문계열 문예창작학과, 문헌정보학과, 상담심리학과

교육계열 컴퓨터교육과, 사회교육과, 윤리교육과, 국어교육과, 기술교육과, 교육학과

06 K-콘텐츠: 한눈에 보기

◆ 자료소개 ◆

이 자료는 국회도서관에서 문화전략산업으로서의 K-콘텐츠와 국내외 시장 동향 및 정부 지원정책, 전문가 의견 등을 정리하여 팩트북 2023-2호(통권 제102호) 「K-콘텐츠」로 발간한 부정기 간행물이다. 자료를 통해 K-콘텐츠의 세계적 인기로 소프트파워 강국으로서의 위상이 높아진 대한민국의 문화 소프트파워 현황을 소개한다. 또한 콘텐츠 산업과 관련 시장의 환경 변화, 우리나라 역대 정부와 주요국의 콘텐츠 산업 지원정책 및 관련 법령, 콘텐츠 산업 발전을 위한 국회 논의와 전문가 견해 등을 정리하여 지식재산권 분쟁, 글로벌 OTT 기업과의 경쟁, 문화다양성 부족에 따른 위기 상황을 타개하기 위한 다양한 의견을 수록하고 있다.

핵심 키워드

K-콘텐츠, 문화 소프트파워, OTT, 메타버스, 크리에이터 미디어

출처 | 국회도서관

탐구주제

탐구주제1	콘텐츠 산업에 대한 국가별 지원정책 비교
탐구주제2	문화콘텐츠의 글로벌 분쟁 유형 및 해결 방안 탐구
탐구주제3	K-콘텐츠 산업 활성화를 위한 팬덤 플랫폼 활용 방안 탐구

관련계열 및 학과

사회계열	문화콘텐츠학과, 미디어커뮤니케이션학과, 신문방송학과, 광고홍보학과, 사회학과, 언론정보학과, 국제통상학과, 무역학과, 소비자학과, 법학과, 경제학과
인문계열	문예창작학과, 문화재학과, 문헌정보학과, 언어학과
예체능계열	방송연예과, 뷰티디자인학과, 실용음악과, 미술학과, 연극영화학과, 산업디자인학과

07

공공기관 청년고용의무제 성과분석 및 향후 방향 연구

자료소개

이 연구는 공공기관 청년고용의무제의 제도적 특성, 청년고용 제고 성과 분석, 청년고용의무제 연장에 따른 효과 예측, 청년 신규고용비율 결정 요인 분석, 청년고용의무제 실효성 제고 및 청년고용 활성화를 위한 정책 제언을 주요 내용으로 다룬다.

공공기관은 사회적 책임을 다하도록 유도하기 위해 특정 계층(청년, 장애인) 대상의 고용의무제 적용 및 경영평가 반영을 통한 다양한 계층(여성, 지역인재, 고졸자 등)의 고용 확대를 장려하고 있다. 특히 청년고용의무제의 경우, 만성 부족 상태인 질 좋은 청년 일자리 확충에 있어 긍정적 기능을 수행하는 것으로 분석하고 있으며, 한시적 특별법에서 한시성은 유지하되 일반법으로의 전환을 준비할 필요성과 방안을 제시하고 있다.

핵심키워드

청년고용의무제, 청년고용촉진 특별법, 일반법, 공공기관 경영평가

출처 | 고용노동부

탐구주제

탐구주제1 청년고용촉진 특별법의 일반법 전환 시 쟁점 분석

탐구주제2 고용 의무 미이행 공공기관에 대한 조치 결과 및 시사점 분석

탐구주제3 청년고용의무제 이행 우수 공공기관에 대한 인센티브 제공 방안 탐구

관련계열 및 학과

사회계열 공공행정학과, 공공인재학과, 도시행정학과, 사회복지학과, 사회학과, 경제학과, 행정학과, 법학과, 경영학과

인문계열 인류학과, 상담심리학과, 심리학과, 철학과

교육계열 사회교육과, 윤리교육과, 가정교육과, 기술교육과, 교육학과

08

공공서비스 유형분석 및 전달체계 개선 연구

공공서비스 유형분석 및
전달체계 개선 연구

한국행정연구원

이 연구 보고서는 국민 중심의 공공서비스 개선 방향을 제시하고 인공지능, 빅데이터 등 최신기술을 활용한 공공서비스 혁신 방안을 마련하는 데 목적을 둔다.

해당 연구에서는 공공서비스를 전통적 공통서비스(공공행정/국방/교육 등)부터 일상생활 지원 서비스를 포괄하는 「전자정부법」의 공공서비스, 「민원처리에 관한 법률」의 민원서비스와 개별 법령에 근거한 기타 공공서비스 전체를 포함한 개념으로 정의한다. 현재 공공서비스는 방문, FAX, 온라인 포털, 모바일 등 다양한 방식을 통해 전달되고 있다. 그중 국민의 이용률이 가장 높고, 가장 많은 서비스를 관리하는 정부24 포털을 중심으로 공공서비스의 최신성, 중복성 등 공공서비스의 개선 방안과 혁신 로드맵을 제안한다.

핵심키워드
공공서비스, 전자정부법, 정부24, 적극행정, 비대면·지능형 공공서비스

출처 | 한국행정연구원

탐구주제

탐구주제1	공공서비스 사각지대 발굴 및 해소 방안 탐구
탐구주제2	수요자 중심 공공서비스 전달체계의 해외 우수사례 조사
탐구주제3	국내 사회복지서비스 전달체계의 문제점과 해결 방안 탐구

관련계열 및 학과

사회계열 사회복지학과, 행정학과, 공공행정학과, 도시행정학과, 공공인재학과, 사회학과, 법학과, 경영학과, 경제학과, 금융보험학과, 세무학과, 소비자학과, 경찰행정학과

인문계열 인류학과, 상담심리학과, 심리학과, 철학과, 북한학과, 문헌정보학과, 종교학과

교육계열 사회교육과, 윤리교육과, 가정교육과, 초등교육과, 아동보육학과, 특수교육과

09

디지털 성범죄 관련 국민 인식 조사 결과보고서

자료소개

이 자료는 우리 사회의 주요 현안인 '디지털 성범죄'에 대한 국민 인식 정도와 관련 정책의 개선사항을 파악하여 실효성 있는 정책을 개발하고자 만 19세 이상 전국 성인 남녀를 대상으로 온라인 패널조사를 실시하고 1,200명의 유효 표본을 분석한 보고서이다.

분석 결과 디지털 성범죄에 대한 심각성 인지가 매우 높게 나타났으며, 가장 처벌이 필요한 가해 유형으로 '성적 촬영물 이용 협박·강요'를 꼽았다. 사건 해결의 주요 방해 요인으로 피해 사실 노출과 촬영물 유포에 대한 두려움이 가장 컸으며, 주요 대책으로 성범죄자 처벌 단계에서 처벌 강화, 피해자에 대한 원스톱 종합지원서비스 시행에 가장 많이 응답한 것으로 나타났다.

핵심키워드

디지털 성범죄, 성범죄 행위 유형, 디지털 성범죄 근절 대책

출처 | 문화체육관광부

탐구주제

탐구주제1 성범죄 가해자 처벌 및 재발 방지 정책 제안

탐구주제2 성범죄 피해자 보호 및 지원서비스 유형 조사

탐구주제3 디지털 성범죄 방지를 위한 효과적 홍보 채널 및 방안 탐구

관련계열 및 학과

사회계열 사회학과, 법학과, 경찰행정학과, 사회복지학과, 행정학과, 공공행정학과, 신문방송학과, 언론정보학과, 문화콘텐츠학과, 미디어커뮤니케이션학과

인문계열 심리학과, 상담심리학과, 철학과

교육계열 사회교육과, 윤리교육과, 가정교육과, 컴퓨터교육과, 초등교육과, 아동보육학과

10 디지털 전환기 일자리의 변화 분석 및 대응 방안 연구

자료소개

이 연구는 일자리에 요구되는 직무의 특징 중 '물리적 인접도'에 따라 직업을 구분하고, 디지털 전환기에 코로나19가 노동시장에 미치는 영향을 살펴본 후 비대면화 정도에 따른 노동시장 추이와 현황 분석을 목적으로 한다.

한국 직업의 물리적 인접도를 '밀접 접촉도'와 '원격근무 불가능 정도'로 나누어 측정한 결과, 두 기준에 공통적으로 해당하는 상위 40개 직업종사자가 노동시장에서 상대적으로 취약한 집단에 해당할 수 있으며, 원격근무 가능성이 낮은 직업 종사자는 중위소득 이하, 비정규직 등이라는 공통적 특징이 있는 것으로 나타났다. 이에 자동화와 비대면화가 노동시장에 미치는 영향에 주목하고, 집단간 회복 속도와 역량 격차를 고려한 정책의 필요성을 시사한다.

핵심키워드
노동시장, 코로나19, 디지털 전환, 물리적 인접도, 자동화, 비대면화

출처 | 정보통신정책연구원

탐구주제

탐구주제1	노동시장 비대면화로 인한 순고용 감소 직업군 조사
탐구주제2	디지털 전환 시대 미래지향적 일자리 창출 방안 탐구
탐구주제3	저출산, 지방소멸 현상이 노동시장에 미치는 영향 탐구

관련계열 및 학과

사회계열 사회학과, 경제학과, 사회복지학과, 행정학과, 공공행정학과, 공공인재학과, 도시행정학과, 국제통상학과, 무역학과, 법학과

공학계열 산업공학과, 정보통신공학과, 정보보안학과, 컴퓨터공학과, 소프트웨어학과

교육계열 사회교육과, 윤리교육과, 컴퓨터교육과, 기술교육과, 교육학과

11 메타버스 환경과 미디어

이 연구는 메타버스 환경에서 언론을 중심으로 한 미디어 산업이 어떠한 대응 노력을 하고 있는지, 국내에서 메타버스 플랫폼의 활용 정도는 어떠한지, 이에 대한 전문가들과 일반 이용자들의 인식과 평가는 어떠한지를 조사한다. 그리고 이를 토대로 메타버스 환경에서 미디어 산업이 참고할 수 있는 전략적 방향성에 대한 논의를 도출하고자 한다.

연구 결론에서 메타버스 환경에 대한 언론의 대응 전략은 '중장기적 성장이 가능한 자체 플랫폼 구축'과 '이용자 데이터 중심의 종합적인 디지털 전략'의 수립이다. 이를 달성하기 위해서는 외주 형태의 사업 운영이 아니어야 하며, 내부 자원배분 구조의 변화와 직접적인 디지털 역량 강화가 필요함을 제언한다.

핵심 키워드

메타버스 플랫폼, 미디어 환경, NFT(Non-Fungible Token), 광고 산업

출처 | 한국언론진흥재단

탐구주제

탐구주제1	메타버스 플랫폼의 수익 창출 방식 탐구
탐구주제2	메타버스가 미디어 산업에 미칠 영향 분석
탐구주제3	메타버스에서의 언론 신뢰도 제고 방안 탐구

관련계열 및 학과

사회계열 언론정보학과, 신문방송학과, 미디어커뮤니케이션학과, 문화콘텐츠학과, 경영학과, 경제학과, 사회학과, 광고홍보학과

공학계열 소프트웨어학과, 컴퓨터공학과, 정보통신공학과, 산업공학과, 정보보안학과

교육계열 사회교육과, 윤리교육과, 기술교육과, 컴퓨터교육과, 교육학과, 교육공학과

12

문화예술의 친환경적 관점 도입을 위한 연구

자료소개

이 연구의 목적은 문화와 환경 이슈 간의 관계 정립과 현황 진단 및 사례 분석, 주요 실천 과제 도출 등을 통해 문화의 가치가 환경 영역으로 확산되고, 동시에 환경의 가치가 문화 영역에 스며들 수 있는 상호협력의 틀과 관련 정책과제를 마련하는 것이다.

연구 결과, 전 세계적 환경위기 상황에서 '친환경'은 문화예술 분야에서도 중요한 관심사이며, 이미 많은 국가가 문화예술 프로그램·지원 사업·시설 운영 등에서 친환경적 관점을 도입하기 위한 다양한 시도를 하고 있는 것으로 나타났다. 이제 국내에서도 다양한 친환경 이슈를 문화예술에 접목하려는 시도가 나타나고 있으며, 이를 적극적으로 확대하기 위한 인식 전환과 공감, 실효성 있는 정책과 프로그램 마련의 중요성이 강조된다.

핵심 키워드 문화예술, 친환경적 관점(Eco-friendly perspectives), 환경 이슈, 탄소중립

출처 | 한국문화관광연구원

탐구주제

탐구주제1	환경 이슈에 대응한 문화예술 실천 사례 조사
탐구주제2	문화시설의 친환경성 제고를 위한 아이디어 발굴 탐구
탐구주제3	친환경 문화예술 정책 추진 시 예상되는 문제점과 해결 방안 모색

관련계열 및 학과

사회계열 언론정보학과, 신문방송학과, 미디어커뮤니케이션학과, 사회학과, 경제학과, 문화콘텐츠학과, 행정학과, 공공행정학과, 법학과

공학계열 소프트웨어학과, 컴퓨터공학과, 정보통신공학과, 산업공학과, 정보보안학과

교육계열 사회교육과, 윤리교육과, 환경교육과, 컴퓨터교육과, 교육학과, 교육공학과

13

범죄피해자 신변보호제도에 관한 비교법적 연구

이 보고서는 범죄피해자 신변안전조치 제도의 개선을 위하여 먼저 신변 안전조치에 관한 국내 현행법 체계를 살펴보며 문제점을 분석했고, 관련 해외 입법례를 발굴하여 시사점을 도출함으로써 신변보호제도 개선을 위한 의견을 제시했다.

연구를 통해 포괄적 신변안전조치 실행을 위한 일반법적 근거 창설, 접근 금지처분 등을 포함하여 가해자에게 실질적인 억지력 행사가 가능한 조 치 마련, 사건 현장에서 즉각적인 안전 조치 실행이 가능한 사법경찰권의 권한 근거 마련, 사법경찰관의 긴급조치에 대한 사법적 통제수단 마련, 신속한 조치 실행을 위한 불필요한 검사 경유 절차 폐지, 신변안전조치의 규범력 확보를 위한 처벌 규정 마련 등을 제언한다.

핵심 키워드

범죄피해자 신변보호제도, 특례법, 가해자·피해자 분리조치, 스토킹처벌법

출처 | 국회입법조사처

탐구주제

탐구주제1 국가별 신변보호제도 유형 비교를 통한 개선 방안 탐구

탐구주제2 신변안전조치 관련 개별 법률의 규정 체계화 필요성 탐구

탐구주제3 반의사불벌죄와 친고죄 적용에 따른 피해자 보호조치의 한계 분석

관련계열 및 학과

사회계열 법학과, 경찰행정학과, 행정학과, 공공행정학과, 도시행정학과, 사회학과, 사회복지학과, 정치외교학과

교육계열 사회교육과, 윤리교육과, 가정교육과, 초등교육과, 유아교육과, 아동보육학과

인문계열 상담심리학과, 심리학과, 철학과

복지-고용-경제의 선순환 연구

자료소개

이 연구는 복지-고용-경제가 선순환될 수 있는 방식과, 이를 위한 정책적 함의를 얻는 것을 목적으로 한다. 실증적 분석을 위해 사회정책이 경제에 영향을 미치는 핵심 기제는 개인의 고용가능성 제고, 취업취약계층의 고용가능성 제고, 일자리 창출을 통한 임금소득 창출과 같이 '고용'에 있음을 정리했다.

연구 결과, 유럽 국가들의 선순환 사례와 같이 복지와 경제의 선순환이 가능하려면 우리 사회도 고용이 핵심 기제로 작동해야 하며, 이는 사회지출 증가(사회서비스, ALMP)를 통해 일시적 충격을 극복하고 고용가능성과 노동생산성을 질적·양적으로 제고시킬 때 사회적 신뢰와 경제성장으로 선순환될 수 있음을 결론으로 제시했다.

핵심키워드 선순환, 복지와 고용, 복지와 경제, 사회지출, 노동생산성,
사회투자, 인적자본, 사회서비스, 적극적 노동시장정책(ALMP)

출처 | 한국보건사회연구원

탐구주제

탐구주제1 여성고용정책의 성과 분석 및 개선 방안 도출

탐구주제2 사회지출 충격이 경제성장률에 미치는 영향 분석

탐구주제3 저숙련 노동자, 취업취약계층 노동자를 위한 적극적 고용정책 탐구

관련계열 및 학과

사회계열 사회복지학과, 행정학과, 공공행정학과, 공공인재학과, 도시행정학과, 경제학과, 경영학과, 사회학과, 금융보험학과

인문계열 인류학과, 상담심리학과, 심리학과, 철학과

교육계열 사회교육과, 윤리교육과, 가정교육과, 기술교육과, 교육학과

15

사회정책에 대한 국민 욕구 ·인지 조사 연구

자료소개

이 연구는 복지에 대한 국민 인식과 변화 양상을 파악하여 미래 복지 지형의 변화를 예측하고, 사회갈등 해소와 사회통합 방안의 기틀 마련을 위한 정책 수립의 기초자료로 활용하는 것을 목적으로 한다. 이를 위해 2022년 전국의 만 19~75세 1,000명을 대상으로 대면면접조사를 실시했다.

연구 결과, 국민 다수가 보편적 복지와 경제 살리기에 관한 공약을 지지하는 것은 경제성장과 복지 제공이 대척점에 있는 것이 아닌, 상호 조화를 이루는 방향으로 설계되어야 함을 시사한다. 더불어 절반 가까운 국민이 사회통합에 부정적 의견을 나타내는 것은 사회적 격차 완화, 특히 사회적 취약계층이 소외되지 않는 정책적 노력이 수반되어야 함을 시사한다.

핵심 키워드

사회정책, 보편적 복지, 사회적 취약계층, 복지 이슈, 사회통합

출처 | 보건복지부, 한국보건사회연구원

탐구주제

탐구주제1	4차 산업혁명 대응을 위한 복지 수요 분석
탐구주제2	사회적 약자 지원 방식의 개선 방안 탐구
탐구주제3	기본소득제에 대한 해외 동향 분석 및 국내 적용의 시사점 도출

관련계열 및 학과

사회계열	사회복지학과, 행정학과, 공공행정학과, 공공인재학과, 경제학과, 도시행정학과, 사회학과, 경영학과, 금융·보험학과
인문계열	인류학과, 상담심리학과, 심리학과, 철학과
교육계열	사회교육과, 윤리교육과, 가정교육과, 기술교육과, 교육학과

16 선거와 미디어: 유권자의 관점에서

자료소개

이 연구는 20세기 후반 들어 선거 캠페인이 현장 유세 중심에서 미디어 중심으로 변하게 된 '미디어 정치(media politics)' 환경이 조성됨에 따라 뉴스 미디어가 선거에 영향을 미치게 되었다는 인식에서 출발한다.

연구 결과, 한국 언론의 선거보도는 신속성이나 현장성 같은 항목에서는 유권자로부터 높은 점수를 받았다. 그러나 정확성이나 공정성 등 저널리즘 품질 관련 항목에서는 상대적으로 낮은 점수를 받았으며, 선거 여론조사와 관련해서는 협조율이 낮아 표본의 대표성 확보가 어려운 것으로 나타났다. 유권자는 허위 정보나 가짜뉴스의 접촉 경험과 우려가 있고 언론의 팩트체크가 필요하다고 응답했으며, 선거 토론이 후보자 파악과 의사결정에 도움이 된다고 평가했다.

핵심키워드

미디어 정치, 유권자, 선거 여론조사, 팩트체크 저널리즘, 선거보도준칙

출처 | 한국언론진흥재단

탐구주제

탐구주제1	저널리즘의 공공성 실현을 위한 방안 탐구
탐구주제2	지역 언론 소멸에 따른 문제점과 활성화 방안 모색
탐구주제3	선거 여론조사 대표성 확보를 위한 협조율 제고 방안 탐구

관련계열 및 학과

사회계열 언론정보학과, 신문방송학과, 미디어커뮤니케이션학과, 사회학과, 경제학과, 문화콘텐츠학과, 행정학과, 공공행정학과, 법학과

공학계열 소프트웨어학과, 컴퓨터공학과, 정보통신공학과, 산업공학과, 정보보안학과

교육계열 사회교육과, 윤리교육과, 국어교육과, 교육학과

수소경제의 최근 동향과 전망

자료소개

이 자료의 취지는 글로벌 에너지 수급 불안정, 국내외 새 정부 출범 등 여러 정치·경제적 변화가 진행되는 가운데 이러한 상황 변화가 수소경제에 미치는 영향과 미래 전망을 진단하는 데 있다.

보고서 내용은 청정 재생에너지 산업인 수소경제에 대해 이해할 수 있도록 한눈에 보는 수소경제 길라잡이, 최근 동향과 전망, 세부 밸류체인별 동향과 국내 주요 그룹사별 동향으로 구성되어 있다.

연구 결과, 최근 수소경제는 글로벌 에너지 불안에도 국내외 정책과 민간 동향 모두 긍정적 흐름을 보이고 있으며, 중장기 성장 기조 전망도 유효한 것으로 보인다. 세부 밸류체인별 투자 유망 분야는 수소/암모니아 생산 및 수입, 운송 및 액화 인프라 구축, 연료전지발전, 대형·상용차 등으로 전망된다.

핵심 키워드
청정 재생에너지, 수소경제, 탄소중립, 수소 밸류체인 인프라

출처 | KB금융지주

탐구주제

탐구주제1 수소경제 관련 최근 글로벌 동향 조사

탐구주제2 정부의 수소전문기업 선정 및 지원 방안 탐구

탐구주제3 탄소중립을 위한 기후기술 투자와 수소경제 전망 탐구

관련계열 및 학과

사회계열 경제학과, 국제통상학과, 무역학과, 경영학과, 사회학과, 정치외교학과, 행정학과

공학계열 에너지공학과, 산업공학과, 화학공학과, 전기공학과, 자동차공학과, 환경공학과

자연계열 대기과학과, 지구환경과학과, 화학과, 환경학과

18

아동국가책임제 구현을 위한 법제개선방안 연구

자료소개

이 연구는 미래 인구변화 대응 및 국가의 지속가능한 발전을 위해 아동국가책임제를 법제화하기 위한 이론적 근거와 법제개선방안을 제안하는데 목적이 있다.

연구 결과, '아동국가책임제'는 단순한 정책적 표어가 아니라 미래 세대의 성장과 기반 마련을 위한 국가의 주도적 역할에 대한 책임과 실질적 보장을 그 의미로 규정했다. 이를 실현하기 위하여 아동의 권리주체성 강화를 위한 출생신고제 보완 및 출생통보제, 아동기본법 제정, 교육 분야 학생 의견수렴 절차 마련, 초등학교 돌봄교실 및 방과후학교 법제화, 건강장애 아동 등의 지원을 위한 병원학교 법제화, 피해아동 보호 및 지원 확대, 피해아동 원가정 복귀 시 재학대 방지 방안에 대한 법제 개정안을 제시했다.

핵심키워드 아동국가책임제, 출생통보제, 아동기본법, 돌봄교실 및 방과후학교, 병원학교, 피해아동 재학대 방지 방안

출처 | 한국법제연구원

탐구주제

탐구주제1	미등록 이주 아동 실태 및 인권보장 방안 탐구
탐구주제2	아동 인권 보호를 위한 국내외 입법 동향 비교
탐구주제3	온라인 플랫폼에서의 아동보호 규정 현황 조사 및 개선 방안 탐구

관련계열 및 학과

사회계열 법학과, 사회학과, 정치학과, 경찰행정학과, 행정학과, 공공행정학과, 사회복지학과, 문화콘텐츠학과, 정치외교학과, 언론정보학과, 군사학과

인문계열 상담심리학과, 심리학과, 철학과, 인류학과, 종교학과

교육계열 사회교육과, 윤리교육과, 가정교육과, 초등교육과, 유아교육과, 아동보육학과

19 워케이션 활성화 방안 연구

자료소개

서구 사회는 지식기반 사업체계로의 경제구조 전환에 따라 근로시간과 장소의 유연성을 강조하고, 여성들의 경제활동 참여를 위한 노동시장 유연화를 위해 노력하고 있다. 본 연구는 우리나라의 정책환경도 유사하게 변화되어 새로운 업무 스타일에 대한 수요가 증가했음을 연구 배경으로 밝힌다.

이 연구에서는 지역사회 침체의 극복 대안으로 '워케이션'에 주목하여, 이를 활성화할 수 있는 적합한 정책과제를 제안한다. 특히 워케이션 개념의 시초인 일본의 정책 추진 사례를 비롯해 유럽의 '디지털 노마드'를 위한 빌리지 조성 사례, 국내의 추진 주체별 워케이션 프로그램 운영 사례를 분석하여 향후 적용 모델을 도입하기 위한 시사점을 제공한다.

핵심 키워드 워케이션(Workcation), 디지털 노마드(Digital nomad), 장기체류 비자

출처 | 한국문화관광연구원

탐구주제

탐구주제1 워케이션 친화형 직업군 및 선호 지역 조사

탐구주제2 워케이션을 통한 사회문제 해결 가능성 분석

탐구주제3 근로 형태 유연화가 업무 성과에 미치는 영향 탐구

관련계열 및 학과

사회계열 사회학과, 경제학과, 경영학과, 관광학과, 미디어커뮤니케이션학과, 행정학과, 문화콘텐츠학과, 공공행정학과, 지리학과, 호텔경영학과, 사회복지학과

인문계열 심리학과, 상담심리학과, 철학과, 인류학과, 문예창작학과

교육계열 사회교육과, 윤리교육과, 기술교육과, 컴퓨터교육과, 교육학과, 교육공학과

20

초고령사회 돌봄영역 노인일자리사업 고도화 방안 연구

이 연구는 돌봄이 우리 사회의 보편적 사회서비스로 강조됨에 따라 향후 돌봄영역 노인일자리가 계속 확대될 것으로 기대되며, 특히 대부분 대인서비스로 이루어지는 돌봄은 노동시장에서 노인이 잘할 수 있는 역할 모델로 유용한 영역이라는 인식에서 출발한다.

연구 결과, 초고령사회에 대응하여 '노인이 노인을 돌보는' 상호돌봄의 가치를 확인하고, 노노케어 등 돌봄영역 노인일자리사업의 정책적 함의를 입증했다. 더불어 돌봄영역 노인일자리사업 고도화를 위해서는 무엇보다 노인일자리 및 노인돌봄정책의 통합적 접근이 강구되어야 하며, 지역사회 내 제공 주체 간의 실질적인 협의기구로서 돌봄 거버넌스가 구축되어야 함을 제언한다.

핵심키워드

노인일자리사업, 노노케어, 노인맞춤돌봄서비스, 노인돌봄, 돌봄 거버넌스

출처 | 한국노인인력개발원

탐구주제

탐구주제1	국내외 고령친화마을 조성 우수 사례 조사
탐구주제2	고령친화산업의 유형별 성과 및 전망 분석
탐구주제3	초고령사회의 지속가능한 노인돌봄정책 제안 연구

관련계열 및 학과

사회계열	사회복지학과, 사회학과, 경제학과, 행정학과, 공공행정학과, 공공인재학과, 도시행정학과, 경영학과, 지리학과
인문계열	인류학과, 상담심리학과, 심리학과, 철학과
교육계열	사회교육과, 가정교육과, 윤리교육과, 교육학과

21 초연결 인프라와 ESG 경영

자료소개

이 보고서는 ESG의 개념 및 적용 범위를 확장하여 투자나 기업경영분만 아니라 국가정책 및 제도 사례를 포함한 글로벌 ESG 동향을 파악하고, 효율성/공정성/지속가능성 측면에서 ESG 실천을 위한 기업의 상생 노력과 전략, 국가의 역할을 조명하는 데 목적을 둔다.

연구 결과, 정부 부처와 관련 기관에서 ESG 관련 정책들이 마련되고 있으나, 대기업/중소기업/정부 간 역할 분담이나 상호협력체계의 수립 등 정책 자체의 지속가능성에 대한 고려가 충분하지 못한 시작 단계이므로 보다 국가 전략적인 관점에서 보완할 필요성이 있음을 시사한다. 더불어 KOREN 사업 진행이 ESG 실천과 연계될 방안도 함께 제언한다.

핵심키워드

초연결 인프라, ESG(Environment, Society, Governance), UN-SDG, KOREN

출처 | 한국지능정보사회진흥원

탐구주제

탐구주제1 주요 기업의 ESG 경영 사례 조사

탐구주제2 한국의 SDG 이행보고서 결과 분석 및 개선 방안 탐구

탐구주제3 국가별 ESG 정책 분석을 통한 국내 적용의 시사점 탐구

관련계열 및 학과

사회계열 경영학과, 경제학과, 사회학과, 사회복지학과, 행정학과, 공공행정학과, 국제통상학과, 무역학과, 정치외교학과

공학계열 산업공학과, 정보통신공학과, 환경공학과, 컴퓨터공학과, 소프트웨어학과

교육계열 사회교육과, 윤리교육과, 기술교육과, 환경교육과, 컴퓨터교육과

22

친환경 소비시대,
부상하는 그린슈머를 공략하라!

자료소개

TRADE FOCUS

2022년 9호

친환경 소비시대,
부상하는 그린슈머를 공략하라!
: 팬데믹으로 강화된 친환경 소비트렌드 대응전략

신산업연구실 장지상 연구원

한국무역협회   IIT INSTITUTE FOR INTERNATIONAL TRADE

이 보고서는 전 세계적으로 급성장하고 있는 친환경 시장을 6개 지역(서유럽, 아시아·태평양, 오세아니아, 북미, 남미, 동유럽)으로 나누어 각 친환경 소비재 시장의 매력도를 분석했다. 4가지 항목(시장 성숙도, 소비자 영향력, 기업 인식, 정책환경)으로 평가했을 때, 서유럽 지역이 가장 유망한 시장 환경을 가진 것으로 나타났다. 다만 8가지 세부지표별로는 각 지역의 유망 정도가 달라지므로 우리 기업의 해외 진출 시에는 각 기준을 고려하여 자사에 적합한 유망시장을 찾는 것이 바람직한 것으로 분석했다.

결론적으로 우리 수출기업들이 친환경 트렌드에 적극 대응할 것과 수출중소기업의 친환경 기업으로의 전환을 돕기 위한 지원이 필요함을 제언한다.

핵심키워드

친환경 소비 트렌드, 그린슈머(Greensumer), 그린 이노슈머(Innosumer), 그린워싱(Greenwashing)

출처 | 한국무역협회

탐구주제

탐구주제1 지역경제 살리는 친환경 소비재 시장 활성화 방안 탐구

탐구주제2 그린워싱Greenwashing 사례 조사 및 해결 방안 탐구

탐구주제3 변화하는 소비 트렌드에 대응하는 기업의 대응 전략 분석

관련계열 및 학과

사회계열 소비자학과, 경영학과, 경제학과, 사회학과, 국제통상학과, 무역학과, 행정학과, 정치외교학과, 공공행정학과, 지리학과, 호텔경영학과, 항공서비스학과

자연계열 환경학과, 지구환경과학과, 외식산업학과, 농생물학과, 대기과학과, 식물자원학과

교육계열 사회교육과, 윤리교육과, 환경교육과, 가정교육과, 지리교육과, 초등교육과

23

크리에이터 이코노미
- MZ세대들의 새로운 경제생활 -

자료소개

이 자료는 크리에이터 이코노미의 주된 부상 배경으로 플랫폼 혁신, Web 3.0 시대 도래, 주소비계층의 세대교체와 젊은 노인의 등장을 언급한다. 그러나 국내외 금융회사가 아직 이를 적극적으로 공략하지 못하고 있다는 점에서 주목할 만한 시사점을 제공한다.

연구를 통해 Web 3.0 기반의 크리에이터 생태계는 기업 중심의 수익구조를 크리에이터 중심으로 전환함으로써 크리에이터의 수익 기반을 확대하고, 창작자들의 NFT 발행과 IP 공유를 통한 2차 거래가 활발해지면 크리에이터들이 가진 콘텐츠 IP/커뮤니티/팬덤의 가치가 재평가될 것이라고 전망한다. 이에 국내외 금융사 및 핀테크의 움직임에 주목하고 대응할 것을 제언한다.

핵심키워드 크리에이터 이코노미, MZ세대, Web 3.0 시대, NFT(Non-fungible token, 대체 불가능 토큰), 핀테크(FinTech)

출처 | 하나금융경영연구소

탐구주제

탐구주제1 시니어 크리에이터의 경제활동 전망 분석

탐구주제2 NFT 시장의 최근 동향 및 리스크 해결 방안 탐구

탐구주제3 MZ세대의 주요 활동 분야별 영향력 분석 및 시사점 탐구

관련계열 및 학과

사회계열 경영학과, 경제학과, 사회학과, 국제통상학과, 무역학과, 정치외교학과, 공공행정학과, 행정학과, 광고홍보학과, 금융·보험학과, 문화콘텐츠학과, 소비자학과

공학계열 정보통신공학과, 소프트웨어학과, 정보보안학과, 컴퓨터공학과

교육계열 사회교육과, 윤리교육과, 기술교육과, 환경교육과, 컴퓨터교육과

24

푸드테크 산업의
혁신 트렌드와 미래전망

● 자료소개 ●

이 연구는 국내 푸드테크 시장과 산업 동향 및 소비자의 인식을 파악하고 향후 푸드테크 시장을 전망하며, 현 정책의 문제점을 도출하여 푸드테크 발전과제를 제시하는 것을 목적으로 한다.

연구 결과, 식물공장과 채식 및 대체식품 시장이 빠르게 성장하고 있으며, 다양한 신규 식품유통 플랫폼과 '예약 앱', '무인주문기', '서빙 로봇', '조리 로봇'의 활용이 증가하고 있는 것으로 나타났다. 그러나 현재 국내 푸드테크 스타트업 규모는 선진국에 비해 상대적으로 작은 편이므로 푸드테크 원천기술 및 소재 개발을 위한 스타트업 대상의 연구개발(R&D) 투자 확대, 금융 및 투자 인프라 조성, 선제적 규제 개선 및 완화, 명확한 가이드라인 제시 등이 필요함을 제언한다.

핵심키워드
푸드테크, 대체식품, IoT(Internet of Things, 사물인터넷), AI(Artificial Intelligence, 인공지능), 3D프린팅, BT(Bio Technology, 생명공학기술), 블록체인, 빅데이터, 로보틱스

출처 | 한국농촌경제연구원

탐구주제

탐구주제1 대체식품 시장 동향 파악 및 유망 식품 조사

탐구주제2 대체식품 구매력에 영향을 미치는 핵심 요인 탐구

탐구주제3 소비자의 푸드테크 관련 인식 및 실태조사에 따른 발전 방안 탐구

관련계열 및 학과

사회계열 경제학과, 소비자학과, 경영학과, 사회학과, 무역학과, 국제통상학과

자연계열 외식산업학과, 식품영양학과, 식물자원학과, 동물자원학과, 농생물학과, 축산학과

공학계열 식품공학과, 생명공학과, 로봇공학과, 정보통신공학과, 소프트웨어공학과

25

청년 사회 첫 출발 실태 및 정책방안 연구 II

● 자료소개 ●

이 연구는 청년기 자립 정책의 틀과 구체적 방안을 제시하기 위해 다음과 같은 세 가지 연구 문제를 설정했다.

❶ 성인 이행기 청년의 자립이란 무엇이며, 청년정책에서 보편적으로 지향해야 하는 목표는 무엇인가?

❷ 청년들의 성인 이행기 자립 상황은 어떠하며, 자립 상태의 격차는 어떻게 나타나는가?

❸ 청년들의 원활한 성인기 이행을 위한 지원은 누구에게, 어떠한 형태로 이루어져야 하는가?

연구 결과, 성인 이행기 청년의 자립을 위해 성인 이행기에 관한 법 제도적 기반 마련, 경제적 지원, 주거 지원, 관계망 형성 지원, 기초자립역량 지원, 자립취약청년 지원 등 6대 영역에서 24개 과제를 제안했다.

핵심 키워드
성인 이행기 청년, 자립, 니트(NEET), 갭 이어(Gap Year), 청년정책

출처 | 한국청소년정책연구원

탐구주제

탐구주제1	청년 자립 지원정책의 해외사례 조사
탐구주제2	니트NEET 청년 실태조사 및 지원 방안 탐구
탐구주제3	청년 지원정책별 선정 기준에 대한 비교 분석 및 개선 방안 탐구

관련계열 및 학과

사회계열　사회복지학과, 사회학과, 경제학과, 행정학과, 공공행정학과, 공공인재학과, 법학과, 도시행정학과, 아동 · 청소년학과

인문계열　인류학과, 상담심리학과, 심리학과, 철학과

교육계열　사회교육과, 가정교육과, 윤리교육과, 교육학과

Ⅲ

자연계열

「2050 탄소중립」 관련 SDGs 지표 개발을 위한 기초연구

자료소개

이 자료는 2050 탄소중립 실천을 위해 현재 구축되어 있는 UN SDGs 및 K-SDGs 내 탄소중립 관련 세부지표를 분석하고, 국내외 탄소중립 정책 수립 및 추진 과정에서 새롭게 부각되는 쟁점 이슈와 영역에 대한 지표화를 연구하는 데 목적을 둔다.

본 연구에서는 온실가스 배출현황 분석, 선행연구 자료 분석을 통한 탄소중립 개념 정리, 주요 국가(EU, 중국, 미국, 일본)의 탄소중립 정책 동향 분석, SDGs와 K-SDGs 내 탄소중립 관련 지표 분석을 다루고 있다.

핵심키워드

탄소중립, SDGs(Sustainable Development Goals, 지속가능발전목표), 순환경제, 탄소가격제

출처 | 통계청 통계개발원

탐구주제

탐구주제1	국제사회의 탄소중립 정책 방향과 시사점
탐구주제2	2050 농식품 탄소중립 추진전략 이행을 위한 향후 과제
탐구주제3	탄소중립 실현 및 에너지 전환에 따른 산업환경 변화 전망과 대응 방안

관련계열 및 학과

자연계열	대기환경과학과, 바이오환경과학과, 지구환경과학과, 환경생명과학과, 그린스마트시티학과
공학계열	환경학및환경공학과, 환경소재공학과, 환경공학과, 환경생명공학과, 환경시스템공학과
교육계열	사회교육과, 농업교육과, 기술교육과

02 국가 해양전략 기본구상 연구

• 자료소개 •

이 자료는 최근 국제질서의 변화 동향과 해양 관련 쟁점을 분석하여 국가 해양전략 구상의 필요성에 대해 탐색한다. 아·태 지역 주요국의 해양전략을 분석하여 해양 안보의 핵심 경향을 파악함으로써 우리나라 해양전략에 대한 시사점을 연구한다.

연구를 통해 국제정세 변화에 대응할 수 있고, 우리나라의 해양전략 여건에 부합하며 글로벌 중추국으로서 기여할 수 있는 국가 해양전략 기본구상으로 세계 해양전략 지식 플랫폼 구축, 국가 해양전략위원회 구성 및 운영, 글로벌 해양전략 전문가 네트워크 구축을 제안한다.

핵심키워드
해양전략, 국제해양정세, 해양 안보, 국가 해양력

출처 | 한국해양수산개발원

탐구주제

탐구주제1	한국의 인태 지역 전략과 해군 · 해경의 역할
탐구주제2	섬지역 관리 현황과 향후 과제
탐구주제3	울릉도 · 독도의 명칭 변천과 '독도' 인식의 연속성

관련계열 및 학과

자연계열 해양경찰시스템학과, 해양과학과, 해양산업경찰학과, 해양생명과학과, 해양생물자원학과, 해양융합과학과, 해양학과, 해양환경과학과

공학계열 해양공학과, 해양환경공학과

교육계열 수해양산업교육과

03 국내 동물윤리 이슈 분석

자료소개

이 자료는 동물권리 NGO 대상으로 환경갈등 및 환경정책 영역에서 새롭게 부각되고 있는 국내 동물윤리 이슈를 수집하여 분석했다. 이를 통해 동물윤리 및 동물권리 분야의 정책 수요를 확인하고, 향후 정책연구 과제를 제시했다.

연구 결과, 우리 사회의 동물윤리 이슈는 개고기 식용, 반려동물, 길고양이 등의 전통적인 이슈에서 농장동물, 채식, 전시동물, 축제동물 등으로 다변화되고 있으며, 이는 식문화 및 여가활동 등 우리 사회의 문화적 소비활동과 관련되어 있음을 제언한다.

핵심키워드

동물윤리, 동물권리, 동물해방, 환경갈등, NGO

출처 | 한국환경연구원

탐구주제

탐구주제1 동물권리에 대한 철학자의 입장 비교 연구

탐구주제2 동물대체시험법 기술 및 산업 동향

탐구주제3 동물 관련 법제에 관한 최신 이슈

관련계열 및 학과

자연계열 축산과학부, 축산식품생명공학과, 동물보건복지학과, 동물산업융합학과, 동물생명공학과, 동물생명산업학과, 동물생명융합학부, 동물생명자원과학과, 동물응용과학과, 반려동물보건학과, 반려동물산업학과, 생명자원공학부(동물생명공학전공), 식품ㆍ동물생명공학부

공학계열 환경공학과, 환경생명공학과, 환경시스템공학과

교육계열 사회교육과, 농업교육과, 기술교육과

04

농식품 2030 미래 이슈 (① 디지털 농업)

자료소개

이 자료는 4차 산업혁명 시대를 맞아 우리나라의 식량안보, 농촌 사회의 변화 등 농식품을 둘러싼 도전적 상황에 대처하기 위한 대응 방안으로 '디지털 농업'에 대해 연구했다.

연구 내용은 디지털 농업의 주요 동인, 디지털 농업의 국내외 현황, 디지털 농업의 미래 이슈와 대응 방안에 대해 다루고 있다.

연구 결과, 디지털 농업 시대에 대비하기 위해서는 농축산 데이터의 구축 및 활용이 시급하고, 농작업 장비의 자동화 기술에 대한 지속적 투자가 필요함을 제언한다.

핵심 키워드

🔍 4차 산업혁명 시대, 미래 이슈, 식량안보, 디지털 농업, 자동화 기술, 농업 정책

출처 | 농림식품기술기획평가원

탐구주제

탐구주제1	2040 한국농업 미래 시나리오 연구
탐구주제2	데이터로 여는 농업의 미래, 스마트농업
탐구주제3	탄소중립 시대 도시농업 정책 동향 및 국내외 사례 분석

관련계열 및 학과

자연계열	식량자원과학과, 식량생명공학과, 농업시스템학과, 스마트팜공학과, 농생물학과, 식물자원학과, 농식품경영학과
사회계열	디지털헬스케어학과, 농업경제학과, 디지털기술경영학과
교육계열	농업교육과, 기술교육과

미세먼지 통합관리 전략 수립 연구

자료소개

이 자료는 미세먼지 통합관리를 위해 국가 및 지역 단위 미세먼지 정책 지원을 위한 수요를 파악하고, 미세먼지의 배출원과 물질, 지역 차원의 사회적 비용을 고려한 종합적인 미세먼지 정책에 대해 연구했다.

연구 내용은 미세먼지 현황 및 사례분석, 미세먼지 관련 연구 동향 및 결과, 미세먼지 고농도 지자체 분석(강원·호남지역)에 대해 다루고 있다.

연구 결과, 국내 대기환경 문제는 탄소중립 시대에 발맞춰 미세먼지뿐만 아니라 오존 오염 및 유해대기화합물질 등을 포괄하는 대기환경 개선의 노력이 필요하다고 제언한다.

핵심 키워드

환경에너지, (초)미세먼지, 통합관리 전략, 대기질 개선 정책

출처 | 한국환경연구원

탐구주제

탐구주제1 미세먼지의 건강 영향 개선을 위한 최신 정책 동향 연구

탐구주제2 초미세먼지 문제 해결을 위한 연구 및 정책 방향

탐구주제3 미세먼지 오염 현황과 문제점

관련계열 및 학과

자연계열 대기과학과, 대기환경과학과, 지구환경시스템과학부(환경대기과학전공), 건강관리학과, 생명건강공학과, 스포츠건강과학과, 환경보건과학과, 환경생명공학과, 환경생명화학과

사회계열 디지털헬스케어학과

예체능계열 체육학부(건강운동관리전공), 건강운동관리학과, 스포츠건강과학과

06 바이오소재농업 활성화 방안

자료소개

이 자료는 농업의 새로운 활로 모색을 위해 바이오산업과 연계된 바이오소재농업의 활성화 방안을 연구했다.

연구 내용은 바이오소재산업과 바이오소재농업 현황, 바이오소재산업의 바이오소재농업 파급효과, 바이오소재농업의 성장을 위한 요구 분석, 바이오소재농업의 활성화 방안에 대해 다루고 있다.

연구 결과, 바이오소재산업의 부가가치 창출이 바이오소재용 농산물의 수요 증가로 이어져 농가소득 증가에 영향을 주고, 이에 따른 농업투자 증가와 일자리 창출, 소비 증가의 선순환 생태계가 구축될 것으로 전망된다.

핵심키워드

바이오소재산업, 바이오소재농업, 그린바이오산업 정책

출처 | 한국농촌경제연구원

탐구주제

탐구주제1 농림업 부문 녹색경제 활성화 방안 연구

탐구주제2 데이터 기반 가축전염병 효율적 대응 방안 연구

탐구주제3 농림업 부문 에너지 이용 실태 분석과 효율화 방향

관련계열 및 학과

자연계열 식량자원과학과, 식량생명공학과, 농업시스템학과, 스마트팜공학과, 농생물학과, 식물자원학과, 환경학과, 식품영양학과, 원예학과, 조경학과, 지구환경과학과, 통계학과

사회계열 디지털헬스케어학과, 농업경제학과, 디지털기술경영학과

교육계열 농업교육과, 기술교육과

07

2023 한국 반려동물 보고서 – 반려동물 맞이 준비와 건강관리

자료소개

이 자료는 반려동물과 건강하게 오래 살려는 반려가구의 니즈가 증가함에 따라 반려동물의 건강관리 및 양육 관련 정보에 대해 연구했다.

연구 내용은 한국의 반려가구 수와 지역별 분포 현황, 선호하는 품종과 입양처, 반려동물 관련 사회적·제도적 인식, 비반려가구와의 인식 차이 등을 다루고 있다.

연구 결과, 반려동물의 입양·양육·장례에 이르기까지 가족에 준하는 책임감으로 관리하여 반려동물 양육문화를 점차 성숙시켜 나가야 한다고 제언한다.

핵심키워드

반려동물, 반려가구, 건강관리, 반려동물 양육문화

출처 | KB경영연구소

탐구주제

탐구주제1	반려동물 생애주기별 관리를 위한 정책과제
탐구주제2	반려동물 바이오 인식 기술 동향 및 시사점
탐구주제3	반려동물행동지도사 국가기술자격체계 구축 및 관리 방안 연구

관련계열 및 학과

자연계열 축산과학부, 축산식품생명공학과, 동물보건복지학과, 동물산업융합학과(부), 동물생명공학과, 동물생명산업학과, 동물생명자원과학과, 동물응용과학과, 반려동물보건학과, 반려동물산업학과, 생명자원공학부(동물생명공학전공), 식품·동물생명공학부

교육계열 농업교육과, 기술교육과

인문계열 | 사회계열 | **자연계열** | 공학계열 | 의약계열 | 예체능계열 | 교육계열

08

2022 산림복지프로그램 효과검증 연구보고서

자료소개

이 자료는 산림복지프로그램 사례를 바탕으로 산림복지서비스가 국민의 건강한 삶에 효과가 있는지, 취약계층·외상후 스트레스장애, 교통약자 등 사회문제 해결에 효과가 있는지에 대해 연구했다.

연구 내용은 산림복지의 주요정책 관련 사업 효과 검증, 대외기관 협력사업 효과검증, 녹색자금 회기형 사업 효과검증, 진흥원 소속 기관 수요사업 효과검증, 현장기술지원 전문업 효과검증에 대해 다루고 있다.

연구 결과, 산림복지서비스를 통한 스트레스 해소 및 정서 치유 효과 면에서 긍정적인 결과가 나타났다.

핵심키워드

산림복지서비스, 산림치유, 네이처 힐링

출처 | 한국산림복지진흥원

탐구주제

탐구주제1	산림복지 수요분석을 통한 산림복지시설의 중장기 조성 방안 연구
탐구주제2	산림복지 연구 동향과 미래
탐구주제3	산림복지 이슈

관련계열 및 학과

자연계열 산림과학조경학부(임학전공, 임산공학전공, 조경학전공), 산림생태보호학과, 산림자원학과, 산림환경자원학과, 산림환경과학과, 산림환경시스템학과, 원예산림학과, 조경학과, 헬스케어복지학과, 바이오헬스케어학과, 스마트헬스케어학과

사회계열 산림조경원예학과, 산림치유학과

09

생활계 유해폐기물 관리 현황과 개선 방안

자료소개

이 자료는 생활계 유해폐기물에 포함된 유해성분의 유해성을 조사하고, 관련 법제도와 국내외 우수관리 사례를 검토하여 생활계 유해폐기물 적정 관리를 위한 개선 방안을 제시한다.

연구 내용은 생활계 유해폐기물의 유해 특성 및 관리 동향, 서울시 생활계 유해폐기물 관리실태, 생활계 유해폐기물 관련 서울시민 인식조사, 서울시 생활계 유해폐기물 관리 방안에 대해 다루고 있다.

연구 결과, 발생량·유해성·지역 여건 등을 종합적으로 고려하여 생활계 유해폐기물 관리체계를 마련해야 한다고 제언한다.

핵심키워드 폐기물, 유해폐기물, 폐기물관리법, 자원순환

출처 | 서울연구원

탐구주제

탐구주제1 코로나 시대 폐기물 통계: 동향과 쟁점 – 생활계 유해폐기물 관리 현황과 개선 방안

탐구주제2 폐자원 산업별 리사이클링 R&D분석 – 폐기물/배터리/태양광모듈/플라스틱

탐구주제3 '쓰레기 팬데믹' 대비 미세플라스틱 관리 기술 동향

관련계열 및 학과

자연계열 생명환경공학과, 환경생명공학과, 환경학과, 환경보건과학과

공학계열 환경공학과, 건설환경공학과, 도시환경공학부, 사회환경시스템공학부

사회계열 공간환경학부, 주거환경학과, 지역환경산업학과

교육계열 환경교육과, 농업교육과, 기술교육과

10 수산물 안전성 관리체계 개선 방안 연구

◆ 자료소개 ◆

이 자료는 수산물 안전성 사고 원인을 물리적·화학적·생물학적 위해 요인으로 구분하고, 소비자들의 인식 분석을 바탕으로 보다 개선된 수산물 안전성 관리체계에 대해 연구했다.

연구 내용은 수산물 안전사고 사례 분석, 수산물 안전관리체계, 수산물 안전성 위해 요인별 인식 분석, 수산물 안전관리체계 구축 방안을 포함한다. 본 연구는 수산물 안전관리체계에 대한 소비자 신뢰 구축, 방사능 기준치 인식 제고, 온라인 거래 유통 수산물의 안전성 확보가 중요하다고 제언한다.

핵심 키워드

🔍 수산물 안전성, 수산물 안전관리체계, 수산물 리터러시

출처 | 한국해양수산개발원

탐구주제

탐구주제1 일본 방사능 관련 보도가 국내 수산물 소비액에 미치는 이월 효과 추정

탐구주제2 수산물 수출 활성화를 위한 정책화 과정에 관한 연구

탐구주제3 수입수산물 예방적 관리체계 도입 방안 연구

관련계열 및 학과

자연계열 수산생명의학과, 농생물학과, 농생명과학과, 생물자원과학부, 생물환경화학과, 스마트수산자원관리학과, 융합바이오시스템기계공학과, 응용생물공학과, 해양생산관리학과, 해양생태환경학과, 해양식품공학과

교육계열 환경교육과, 과학교육과, 농업교육과, 기술교육과

11

수출 포도 대상국별
농약안전사용 가이드

자료소개

이 자료는 수출용 포도를 재배할 때 사용할 수 있는 농약과 농약별 안전사용기준, 잔류허용기준을 담아 농업인들이 수출 대상국 안전기준에 맞게 농약을 사용할 수 있도록 안내하고 있다.

연구 결과, 수출농산물 농약 안전관리의 필요성과 대상국별 수출 포도 농약안전사용 가이드를 제시했다. 이 가이드를 통해 수출농가와 업체가 수출 대상국 안전기준에 맞게 농약을 사용한다면 우리 농산물의 국제경쟁력 향상과 수출 확대에도 도움이 될 것으로 전망된다.

핵심키워드

수출용 포도, 농약안전사용, 식품안전규정

출처 | 농촌진흥청 국립농업과학원

탐구주제

탐구주제1	농생명 마이크로바이옴 혁신기술 개발 사업
탐구주제2	한약(생약)재 중 오염물질에 대한 안전관리 강화 방안
탐구주제3	잔류농약 관리 및 연구

관련계열 및 학과

자연계열 농산업학과, 농생명과학과, 농식품경영학과, 농업시스템학과, 생명자원산업학과, 스마트농산업학과, 스마트팜과학과, 식량자원과학과, 식물자원학과, 식품가공학과, 식품공학과

사회계열 디지털헬스케어학과, 디지털기술경영학과, 농업경제학과

교육계열 환경교육과, 과학교육과, 농업교육과, 기술교육과

12

식물 플랫폼 백신 개발을 위한 정보집 (제2판)

● 자료소개

이 자료는 기후변화 및 글로벌화에 따른 감염병 대유행 위기가 지속적으로 대두되는 상황에서 바이오 미래 유망기술 중 식물 플랫폼 백신의 성장 가능성과 중요성에 대해 연구했다.

연구 내용은 식물 플랫폼 백신 개발의 배경과 현황, 고려사항, 식물 플랫폼 백신 생산시설의 GMP(우수제품 제조 및 품질관리 기준) 고려 사항에 대해 다루고 있다.

연구 결과, 식물 플랫폼 백신은 비교적 적은 비용으로 대량 생산이 가능하고 인체 안전성이 높다는 점에서 새로운 백신 생산 플랫폼으로 주목받고 있다.

핵심키워드

탄소중립, 지속가능발전목표, 순환경제, 탄소가격제

출처 | 식품의약품안전평가원

탐구주제

탐구주제1	식물 유래 백신 기술 연구
탐구주제2	새로운 백신 개발 기술 및 임상 동향
탐구주제3	백신 플랫폼 기술 연구

관련계열 및 학과

자연계열 농업시스템학과, 농생물학과, 스마트팜공학과, 식량자원과학과, 식량생명공학과, 식물자원학과, 식품영양학과, 원예학과, 조경학과, 지구환경과학과, 통계학과, 환경학과

사회계열 농업경제학과, 디지털헬스케어학과, 디지털기술경영학과

교육계열 환경교육과, 농업교육과, 기술교육과

13 식의약 R&D 이슈 보고서 (마이크로바이옴)

자료소개

이 보고서는 인류의 건강 증진, 식량안보 및 환경·에너지 문제 해결을 위한 새로운 대안으로 주목받는 마이크로바이옴 기술과 활용 산업에 대한 연구 자료이다.

연구 내용으로 마이크로바이옴에 대한 이해, 마이크로바이옴 기술별 국내외 산업·기술개발 동향, 마이크로바이옴 정책 동향, 마이크로바이옴 관련 안전성 이슈를 다루고 있다.

연구 결과, 마이크로바이옴은 유전체 분석기술의 발전에 따라 건강기능식품, 난치성 질병 치료제, 농림축수산, 화장품 부문까지 광범위하게 확장될 것으로 전망된다.

핵심키워드

마이크로바이옴, 제2의 게놈, 합성생물학, 디지털기술

출처 | **식품의약품안전평가원**

탐구주제

탐구주제1	마이크로바이옴 R&D 및 산업화를 위한 전략
탐구주제2	글로벌 마이크로바이옴 시장 현황 및 전망
탐구주제3	장내 마이크로바이옴 기반 뇌신경질환 기전 및 제어 연구 동향

관련계열 및 학과

자연계열 생물과학과, 생물자원과학부, 생물학과, 생물환경화학과, 농생물학과, 미생물·분자생명과학과, 미생물학과, 미생물학전공, 분자생물학과, 응용생물학과, 의생명과학부

사회계열 농업경제학과, 디지털헬스케어학과, 디지털기술경영학과

교육계열 생물교육과, 과학교육과, 농업교육과, 기술교육과

메디푸드 및 고령친화식품 분야 동향 보고서

자료소개

이 보고서는 급속한 인구 고령화에 효과적으로 대응하기 위한 고령친화식품산업 중 메디푸드 및 고령친화식품 분야에 대해 연구했다.

연구 내용은 메디푸드 및 고령친화식품의 정의 및 배경, 국내외 제도의 변화, 국내외 산업 현황과 시장 예측을 다루고 있다.

연구 결과, 영양을 중요시하는 시니어 세대를 고려하여 메디푸드 및 고령친화식품에 대한 가이드라인을 마련해야 하며, 국민이 고령친화식품에 대한 인지도를 가지고 쉽게 접근할 수 있도록 홍보를 위한 정부 노력이 필요하다고 제언한다.

핵심키워드

인구 고령화, 메디푸드, 고령친화식품, 특수용도식품

출처 | 농림식품기술기획평가원

탐구주제

탐구주제1	고령친화식품산업 활성화 방안
탐구주제2	식품 R&D 이슈 보고서 – 고령친화식품
탐구주제3	고령친화산업 유망서비스 도출 및 고령친화서비스 활성화 방안 연구

관련계열 및 학과

자연계열 식품가공학과, 식품공학과, 식품과학부, 식품외식산업학과, 식품산업외식학과, 식품영양과학부, 식품영양학과, 식품유통공학과, 식품제약학부, 식품조리학과, 해양바이오식품학과

공학계열 식품공학과, 식품생명공학과, 바이오식품공학과

사회계열 사회복지학과, 가족복지학과, 보건의료·사회복지학부, 복지·경영학과, 복지상담학과

교육계열 농업교육과, 기술교육과

15

식재료산업과 연계한 한식산업 발전 방안

자료소개

이 자료는 한식 관련 국내외 현황과 실태를 파악하고 분석하여 식재료산업과 연계한 한식 외식산업의 발전 방안에 대해 연구하고 있다.

연구 내용은 한식 외식산업 관련 정책 현황, 식재료산업의 한식 외식업체 식재료 공급 실태, 한식 외식업체 식재료 조달 및 이용 실태, 식재료산업과 연계한 한식산업 발전 방안을 다루고 있다.

연구 결과, 지역 먹거리 산업 및 경제의 틀 속에서 한식 외식산업이 지역 식재료 산업과 연계하여 발전하는 방안을 제언한다.

핵심키워드

식재료산업, 한식 외식산업, 지역 먹거리

출처 | 한국농촌경제연구원

탐구주제

탐구주제1 한류 관련 요인들이 한식 만족도에 미치는 영향에 대한 국가별 비교 연구

탐구주제2 푸드테크 산업의 혁신 트렌드와 미래 전망

탐구주제3 포용성장과 지속가능성을 위한 식품정책 대응과제

관련계열 및 학과

자연계열 식품가공학과, 식품공학과, 식품과학부, 식품외식산업학과, 식품산업외식학과, 식품영양과학부, 식품영양학과, 식품유통공학과, 식품제약학부, 식품조리학과, 해양바이오식품학과

공학계열 식품공학과, 식품생명공학과, 바이오식품공학과

교육계열 가정교육과

온난화 영향에 따른 한반도 기후변화 리스크

이 자료는 기후변화의 영향을 받는 부문을 6개 부문(물관리, 생태계, 산림, 농업, 해양 및 수산, 보건 등)으로 구분하고, 각 부문별로 선행 연구를 조사하여 분석했다.

연구 내용은 기후리스크 중 6개 부문(물관리, 생태계, 산림, 농업, 해양·수산, 보건)에 대한 주요 연구 동향, 리스크별 온난화 수준에 따른 영향, 부문별 시사점에 대해 살펴보고 있다.

연구 결과, 국가/광역 및 기초지자체는 기후변화 적응대책을 수립하고, 매년 대책 이행을 점검·평가함으로써 대책의 이행력을 강화해야 한다고 제언한다.

핵심 키워드
지구온난화, 기후변화, 기후변화 리스크

출처 | 국립기상과학원

탐구주제

탐구주제1	생태계에 대한 기후변화 리스크 평가 종합보고서
탐구주제2	기후변화 미래 영향 대응 기반 연구
탐구주제3	대한민국 기후변화 적응보고서

관련계열 및 학과

자연계열 그린스마트시티학과, 대기환경과학과, 바이오환경과학과, 지구환경과학과, 환경생명과학과, 환경소재공학과, 환경학 및 환경공학과

공학계열 환경공학과, 환경생명공학과, 환경시스템공학과

교육계열 환경교육과, 농업교육과, 기술교육과

17

유전체 교정 작물
식량안보의 대안이 될 수 있을까?

이 보고서는 국내 생명공학 분야 전문가들이 바라보는 유전체 교정 기술의 현황과 미래를 분석하고 예측하여 전 세계 식량 부족 문제의 해결 대안으로 떠오르고 있는 유전체 교정 기술의 최신 동향을 살펴본다.

연구 내용은 기후변화와 식량안보 이슈, 그리고 유전체 교정 작물 개발 현황, 용도별 유전체 교정 작물 사례, 유전체 교정 작물의 미래, 유전체 교정 기술의 특징과 이슈에 대해 다루고 있다.

핵심키워드

기후변화, 식량안보, 유전체 교정 작물, 맞춤형 헬스케어

출처 | 한국과학기술한림원

탐구주제

탐구주제1	엑소좀의 의약학적 응용
탐구주제2	유전자 가위 기술 연구개발 동향 보고서
탐구주제3	유전자 가위를 이용한 인간의 유전자 편집에 대한 윤리적 연구

관련계열 및 학과

자연계열
농생명과학과, 농업시스템학과, 미생물·분자생명과학과, 바이오산업공학부, 바이오제약공학과, 바이오헬스케어학부(의생명과학전공), 분자생명과학과, 분자생명공학과, 분자생물학과, 분자유전공학과, 분자의생명전공 생명공학과, 생명과학과, 생명과학기술학부, 스마트바이오학과, 스마트농업학과, 시스템생명공학과, 식물생명과학과, 유전생명공학과

공학계열
우주공학부, 기계우주항공공학부, 항공우주공학과

교육계열
과학교육학부 물리교육전공, 물리교육과, 과학교육과

18

지역순환형 임업모델 기반한 산림자원 선순환 체계 구축 방안

이 자료는 우리나라 산림과 임업의 지속가능성을 위한 새로운 대안으로서의 '지역순환형 임업'에 대해 살펴보고 있다.

연구 내용은 지역순환형 임업의 개념과 국내외 사례, 지역순환형 임업의 공간적 규모 설정, 산림바이오에너지 기반 지역순환형 임업의 적용 검토, 지역순환형 임업 적용을 위한 거버넌스 구축 사례를 다루고 있다.

연구 결과, 지역순환형 임업은 정부 정책이나 제도를 통해 임업이 이루어지는 것이 아니라, 지역에서 원하는 임업 형태로 이루어지는 것이 중요하다고 제언한다.

핵심 키워드

지역순환형 임업, 산림바이오에너지, 지속가능한 산림경영

출처 | 국립산림과학원

탐구주제

탐구주제1	탄소중립 실현을 위한 기후 스마트 산림경영 연구
탐구주제2	산림 바이오매스의 지역 에너지 이용 확대 방안
탐구주제3	국가 온실가스 감축목표NDC 달성을 위한 산림부문 대응 방안 연구

관련계열 및 학과

자연계열 산림과학 조경학부(임학전공, 임산공학전공, 조경학전공), 산림생태보호학과, 산림자원학과, 산림환경과학과, 산림환경시스템학과, 산림환경자원학과, 원예산림학과, 조경학과

사회계열 산림조경원예학과, 산림치유학과

교육계열 환경교육과, 농업교육과, 기술교육과

19

축산업 환경영향 분석과 정책과제

자료소개

이 자료는 축산업이 환경에 미치는 영향을 분석하고, 축산 환경정책 추진 현황과 외국의 축산 환경정책을 종합적으로 검토하여 환경과 조화로운 축산업 발전을 위한 정책과제를 연구했다.

연구 내용은 축산업 환경문제와 규제 현황, 축산업 환경정책 추진실태 분석, 외국 축산업 환경정책 추진실태와 시사점, 축산업의 환경영향 분석, 분석 결과 종합 및 정책과제에 대해 다루고 있다.

연구 결과, 지속가능한 축산업 발전을 위해 축산업 경쟁력 강화, 환경과 조화로운 축산으로의 전환을 제언한다.

핵심키워드

축산업, 지속가능한 축산업 발전, 축산 환경정책

출처 | 한국농촌경제연구원

탐구주제

탐구주제1 환경친화적 축산환경 조성의 문제점과 개선 방안

탐구주제2 낙농산업의 지역 · 환경영향평가

탐구주제3 축산업의 기후변화 영향에 대한 진실

관련계열 및 학과

자연계열 축산과학부, 축산식품생명공학과, 동물보건복지학과, 동물산업 융합학과, 동물생명공학과, 동물생명산업학과, 동물생명융합학 부, 동물생명자원과학과, 동물응용과학과, 생명자원공학부(동물 생명공학전공), 식품 · 동물생명공학부

교육계열 환경교육과, 농업교육과, 기술교육과

20

태양전지 혁신기술개발 전략과 방향

자료소개

이 자료는 온실가스 감축에 기여하는 주요 유망 기후기술 중 태양전지 기술과 관련하여 6대 주요 기술별 세부 개발 방향을 도출하고, 주요 현안에 대해 연구했다.

연구 내용은 국내외 환경 변화와 태양전지 연구개발 동향 및 연구 방향, 연구개발 전략 이행을 위한 주요 태양전지 기술을 다루고 있다.

연구 결과, 글로벌 탄소중립을 위해 탄소배출 규제가 강화되고 에너지 전환에 대한 요구가 높아지면서 태양광 발전 비중은 지속적으로 확대되고 있으며, 고효율 태양전지에 대한 기술 수요도 높아질 것으로 전망된다.

핵심키워드

탄소중립, 탄소저감, 태양전지, R&D 전략, 혁신기술

출처 | 국가녹색기술연구소

탐구주제

탐구주제1 페로브스카이트 태양전지의 고신뢰성 확보를 위한 요소기술 개발 최종보고서

탐구주제2 친환경 페로브스카이트 태양전지 최근 동향

탐구주제3 2022 녹색산업 인사이트 – 태양전지

관련계열 및 학과

자연계열 나노전자물리학과, 대기과학과, 대기환경과학과, 물리학과, 물리·천문학부(물리학전공), 물리천문학과, 반도체물리학과, 신소재화학과, 에너지신소재공학과, 에너지과학과, 우주과학과, 응용물리학과, 전자물리학과, 지구시스템과학과

공학계열 신소재공학과, 바이오소재과학과

21

포스트 플라스틱 시대를 위한 정책 제안

자료소개

이 자료는 환경과 미래 세대를 고려한 포스트 플라스틱 시대를 위해 포장재·일회용품 등 플라스틱을 감량하고, 플라스틱 재활용 체계를 고도화하기 위한 방안에 대해 연구했다.

연구 내용은 플라스틱 문명시대의 향유와 폐단, 세계의 순환경제 탄소중립 전략, 세계 주요 국가의 플라스틱 폐기물에 대한 대책, 해외 바이오플라스틱산업 동향, 국내 생분해성 바이오플라스틱산업 동향, 국내 폐플라스틱 관리 및 정책, 포스트 플라스틱 시대의 환경정책과 과학기술 정책 제안을 다루고 있다.

핵심키워드

폐플라스틱, 열분해, 화학적 재활용, 순환경제, 탄소중립

출처 | 한국과학기술한림원

탐구주제

탐구주제1	폐플라스틱 열분해 추진 여건 및 정책과제
탐구주제2	플라스틱 재활용 시장 및 산업 동향과 시사점
탐구주제3	미세플라스틱이 해양 생태계에 미치는 영향 및 향후 연구 방향

관련계열 및 학과

자연계열
그린스마트시티학과, 신소재화학과, 에너지신소재공학과, 미생물·분자생명과학과, 바이오환경과학과, 지구환경과학과, 화학·에너지융합학부, 화학분자공학과, 화학신소재학과, 환경학과, 환경보건과학과, 환경생명공학과, 환경생태공학부, 환경융합학부

공학계열
환경공학과, 환경시스템공학과, 나노소재공학 전공

22

포스트바이오틱스 분야
동향 보고서

● 자료소개 ●

이 자료는 포스트바이오틱스 분야 중 프로바이오틱스 제품의 연구 동향과 유산균을 중심으로 한 프로바이오틱스의 기능성과 관련된 유전체 연구 동향을 살펴본다.

연구 내용은 프로바이오틱스의 개요, 프로바이오틱스의 연구개발 동향, 프로바이오틱스 품질 및 안정성 평가기술 동향에 대해 다루고 있다.

연구 결과, 프로바이오틱스 시장은 꾸준히 확장되고 있으며, 이러한 추세에 맞춰 새로운 기능성 균주의 개발도 인체 유래부터 발효식품까지 다양하게 이뤄지고 있음을 제언한다.

핵심 키워드 포스트바이오틱스, 프로바이오틱스, 기능성 미생물, 유산균

출처 | 농림식품기술기획평가원

탐구주제

탐구주제1 건강기능식품 개발을 위한 포스트바이오틱스의 개념과 활용

탐구주제2 그린바이오 3대 유망 분야별 기술 특성을 고려한 신산업 육성 방안 연구

탐구주제3 프로바이오틱스 유전자 특성 및 안전성 확인 방법 연구

관련계열 및 학과

자연계열 농생물학과, 미생물학 전공, 미생물·분자생명과학과, 미생물학과, 분자생물학과, 생물과학과, 생물자원과학부, 생물학과, 생물환경화학과, 응용생물학과, 의생명과학부

사회계열 농업경제학과, 디지털헬스케어학과, 디지털기술경영학과

교육계열 생물교육과

23 폭염대응을 위한 도시 가로녹지계획 연구

자료소개

이 자료는 가로녹지의 도시 온도저감 기능을 고려한 가로녹지계획 전략을 마련함으로써 보다 효율적으로 도시민의 열 스트레스를 완화하는 방법에 대해 연구했다. 또한 폭염대응을 주요 목적으로 하는 가로녹지계획의 제도적 근거를 도출하고, 이를 토대로 폭염대응을 위한 가로녹지 정책대안을 제시했다.

연구 내용은 국내 가로녹지 관련 법제도 및 계획 현황, 도시 열 환경에 대한 가로녹지 영향 분석, 폭염대응 관점의 가로녹지 개선을 위한 인식 분석, 폭염대응을 위한 도시 가로녹지계획 및 정책대안을 살펴본다.

핵심키워드

폭염, 열 스트레스, 가로녹지계획, 도시열섬, 기후변화 적응

출처 | 건축공간연구원

탐구주제

탐구주제1	가로수 식재 시나리오에 따른 기온 및 미세먼지 저감효과 분석
탐구주제2	보도의 계획 및 설계기준 개선 방안 연구
탐구주제3	지역별 폭염 취약 유형 및 폭염 환자 발생 요인에 관한 연구

관련계열 및 학과

자연계열 도시계획 · 조경학부, 산림과학 · 조경학부(임학전공, 임산공학전공, 조경학전공), 생태조경디자인학과, 식물자원조경학부, 원예생명조경학과, 조경학과, 조경도시학과, 조경산림학과, 환경조경학과

공학계열 조경 · 지역시스템공학부

사회계열 농업경제학과, 디지털기술경영학과, 디지털헬스케어학과

교육계열 농업교육과, 기술교육과

예체능계열 환경조경디자인학과

24 합성생물학의 미래

자료소개

이 자료는 합성생물학이 경제·사회·문화 등 우리 사회 전반에 미칠 영향과 파급효과, 그에 따른 정책을 연구했다.

연구 내용은 합성생물학의 정의, 합성생물학 관련 시장 동향, 합성생물학의 국내외 정책 동향, 합성생물학과 경제·사회·문화의 변화, 합성생물학의 미래 방향과 제언에 대해 다루고 있다.

기술영향평가 결과, 합성생물학은 전 과정을 자동화한 '바이오 파운드리'를 바탕으로 빅데이터, 인공지능, 로봇공학, 전산학 등과의 융합 및 혁신이 가속화될 전망이다.

핵심 키워드 합성생물학, 바이오 파운드리, 유전자 합성, 유전자 편집

출처 | 과학기술정보통신부, 한국과학기술기획평가원

탐구주제

탐구주제1	합성생물학 핵심 기술 및 활용 현황
탐구주제2	합성생물학 이슈페이퍼
탐구주제3	합성생물학 시대의 안전성 윤리 문제

관련계열 및 학과

자연계열 미생물·분자생명과학과, 생물과학과, 생물산업기계공학과, 생물학화학융합학부, 생물환경화학과, 시스템생물학과, 응용생물공학과

공학계열 생물공학과, 화공생물공학과

교육계열 과학교육과, 기술교육과, 생물교육과

25 해양환경보호활동에 대한 국내외 현황과 정책 방향

자료소개

이 자료는 기후 및 해양환경의 변동이 해양생태계와 인간 사회에 미치는 영향이 점차 확대되고 있음을 고려하여 해양환경 개선 및 해양수산자원 보호 방안에 대해 연구했다.

연구 내용은 해양환경의 이해, 해양의 건강성(생물다양성 변화와 생물서식지 훼손, 해양환경오염물질), 기후변화와 해양환경, 수산자원 변동과 남획, 극지해양 이슈, 해양환경보호정책 전환을 위한 제언을 다루고 있다.

연구 결과, 해양환경 보호에 대한 필요성을 인지하고, 사회 각 분야에서 해양환경보호활동을 수행해야 한다고 제언한다.

핵심키워드

해양환경, 해양오염, 기후변화, 해양환경보호활동

출처 | 한국과학기술한림원

탐구주제

탐구주제1 해양환경보건정책 도입 방안 연구

탐구주제2 후쿠시마 사고 원전 오염수 해양 방류에 따른 수산업 영향과 대응 방안

탐구주제3 우리나라 해양보호구역 관리 현황과 효율적 관리 방안

관련계열 및 학과

자연계열 해양경찰시스템학과, 해양과학과, 해양산업경찰학과, 해양생명과학과, 해양생물자원학과, 해양융합과학과, 해양학과, 해양환경과학과

공학계열 해양공학과, 해양환경공학과

교육계열 수해양산업교육과, 환경교육과

Ⅳ

공학계열

2022 개인정보보호 연차보고서

· 자료소개 ·

이 자료는 디지털 대전환 시대를 맞이하면서 금융을 넘어 모든 산업 분야로 확산되고 있는 '개인정보보호'에 관한 내용을 다루고 있다.

주로 기술의 발전과 더불어 개인정보보호 신기술 동향, 개인정보보호 주요 이슈, 개인정보보호 환경에 관한 내용을 다룬다.

또한 국민생활과 밀접한 개인정보보호 기반 조성과 개인정보 침해사고 예방 강화 방안, 유럽·아시아·미주의 개인정보보호 해외 사례를 제시한다.

핵심 키워드

개인정보보호, 개인정보보호 신기술, 개인정보보호 해외 동향

출처 | 개인정보보호위원회

탐구주제

탐구주제1	개인정보보호 실태조사 및 신기술 동향에 대한 탐구
탐구주제2	국민생활과 밀접한 개인정보보호 기반 조성과 침해사고 예방 강화 방안
탐구주제3	유럽과 아시아의 개인정보보호 해외 동향에 대한 비교 분석

관련계열 및 학과

공학계열	정보보안학과, 정보보안공학과, 정보보호학과, AI정보보안학과
사회계열	경찰정보보안학과, 법학과, 정치외교학과, 행정학과
교육계열	사회교육과, 컴퓨터교육과

02

2030 미래 사회 변화 및 ICT 8대 유망기술의 사이버 위협 전망

코로나19를 계기로 촉발된 사회변화는 디지털 대전환의 기폭제로 작용했으며, 순기능만큼이나 역기능 문제도 급증하고 있다. 특히 ICT 유망기술은 미래 사회 변화의 핵심 동력이나, 다양한 보안 위협의 대상이 될 전망이다.

이 자료는 2030 미래 사회 변화에 가장 많이 영향을 미치면서 중요하다고 전망되는 ICT 8대 유망기술을 선정했으며, 2030년 중장기 미래를 준비하기 위한 사이버 대응전략 마련이 필요함을 제언한다.

핵심 키워드

미래 사회 변화, ICT 유망기술, 사이버 대응전략

출처 | 한국인터넷진흥원

탐구주제

탐구주제1	미래 사회 변화에 가장 큰 영향을 미칠 ICT 8대 유망기술에 대한 조사
탐구주제2	2030 미래 사회 전망 및 이슈 탐구
탐구주제3	ICT 8대 유망기술별 사이버위협의 위험도 및 사이버 대응을 위한 정책적 제언

관련계열 및 학과

공학계열	산업공학과, 스마트정보통신공학과, 제어계측공학과, 전자정보통신공학과, 정보통신공학과, 정보통신보안학과, 정보보안학과, 지능정보통신공학과, 컴퓨터공학과
사회계열	군사학과, 군사안보학과, 경찰행정학과, 법학과, 정보통신군사학과, 해병대군사학과, 행정학과
교육계열	컴퓨터교육과

03

제4차 산업혁명 시대의 건축사 역할과 대응

자료소개

이 자료는 4차 산업혁명 시대의 혁신 기술인 인공지능, 스마트시티, 가상 건설 등을 통해 사회의 지속 가능성을 확보하려는 시대적 요구에 따른 건축서비스산업의 변화와 건축사의 대응 자세를 모색하고자 진행된 연구보고서이다.

본 연구보고서는 국내외 4차 산업혁명 대응 동향 및 4차 산업혁명 시대의 건축사 역할 정립, 4차 산업혁명 대응 방안 등에 대한 내용으로 구성되어 있다.

핵심키워드

4차 산업혁명, 4차 산업혁명 핵심 기술, 4차 산업혁명 건축사 역할

출처 | 대한건축사협회 건축연구원

탐구주제

탐구주제1 4차 산업혁명의 배경과 주요 핵심 기술에 대한 탐구

탐구주제2 4차 산업혁명의 국내 정책 동향과 해외 동향 비교 분석

탐구주제3 4차 산업혁명 시대의 건축사 역할과 대응에 관한 연구

관련계열 및 학과

공학계열 건축학과(부), 건축학부 건축학전공, 건축디자인학과, 건축사회환경공학부, 건축 · 인테리어디자인학과, 건축공학과, 건축도시부동산학부, 건축토목공학과, 건축 · 토목 · 환경공학부, 도시건축학부, 디자인건축융합학부, 실내건축학과, 전통건축학과

사회계열 도시행정학과, 지역사회개발학과, 지적학과

04

건축저작물 보호 및 활용 방안 연구

자료소개

최근 건축물의 정보이자 건축사의 창작물인 '건축설계도면'의 정보가 중요해지고 있다. 이러한 흐름 속에서 해당 연구는 건축사의 지적재산권 보호를 위하여 건축저작물을 명확히 하고, 건축설계도면 정보를 체계적으로 구축하며 건축창작물인 건축설계도면의 보호·활용·지원 방안을 마련하고자 진행되었다.

본 연구 자료는 건축저작물의 법과 제도 검토, 건축저작물 현황, 건축저작물의 보호 및 활용 방안에 대한 내용을 담고 있다.

핵심키워드

건축저작물, 건축저작물 법제도, 건축사 지적재산권

출처 | 대한건축사협회 건축연구원

탐구주제

탐구주제1	건축저작물의 개념과 건축저작물 보호 관련 법제도 탐구
탐구주제2	국내 건축 관련 정보구축 현황 분석
탐구주제3	건축저작물 보호 및 활용 방안에 관한 조사

관련계열 및 학과

공학계열 건설시스템공학과, 건설환경공학과, 건축학과(부), 건축공학과, 건축디자인학과, 건축토목공학과, 그린스마트건축공학과, 디자인건축융합학부, 스마트건축공학과, 실내건축디자인학과, 실내건축학과, 전통건축학과, 지역건설공학과, 토목공학과, 토목건축공학과

사회계열 공공행정학과, 행정학과, 지식서비스경영학과, 표준지식학과

05

국내외 공공부문 AI 활용 현황 분석 및 시사점

자료소개

공공부문의 인공지능 도입 및 활용 범위 확대는 업무 생산성과 효율성을 개선할 뿐만 아니라, 국가 경제 전반에 긍정적인 파급효과를 가져올 것으로 전망된다. 세계 각국은 공공부문에 AI 기술을 적극 활용하여 사회문제를 해결하고, 업무 프로세스와 성과 혁신을 추구하고자 노력하고 있다.

본 연구 자료는 세계 주요 나라의 AI 활용 실태조사와 사례분석 보고서를 국내 실태조사 및 사례분석 내용과 비교 분석하여 국내 공공부문 AI 활용 실태조사의 발전 방향과 AI활용 고도화 방안에 대한 시사점을 제공한다.

핵심키워드

인공지능, 인공지능 활용 사례, 공공부문 인공지능 활용 현황

출처 | 소프트웨어정책연구소

탐구주제

탐구주제1 국내 공공부문 인공지능 활용 현황 실태조사 분석 결과

탐구주제2 미국과 EU 공공부문 인공지능 활용 사례 비교 분석

탐구주제3 국내 공공부문 분야별 인공지능 활용 사례 탐구 및 시사점

관련계열 및 학과

공학계열 빅데이터융합학과, 소프트웨어공학과, 소프트웨어학과, 소프트웨어융합학과, 융합소프트웨어학과, 인공지능학과, 인공지능공학과, 인공지능빅데이터학과, 인공지능소프트웨어학과, 인공지능융합학과, 인공지능응용학과, AI · 빅데이터학과

사회계열 공공서비스학부, 공공인재학과, 공공정책학과, 공공행정학과, 도시행정학과, 행정학과(부)

06

국방 AI 플랫폼 개발을 위한 제언

자료소개

이 자료는 AI 등 4차 산업혁명 관련 첨단기술을 중심으로 한 기술패권 경쟁시대를 맞아 국방 분야에서 필요로 하는 AI 특화 플랫폼의 성공적 개발을 위한 제언에 목적을 둔다.

연구 내용으로 국방 AI 플랫폼의 정의, 우리나라의 현주소, 국방 AI 플랫폼 구축의 필요성, 성공적 개발을 위한 제언 등을 6가지 관점에서 담고 있다. 아울러 AI 플랫폼과 전문센터를 중심으로 한 국방 AI 플랫폼 거버넌스를 제시하고 있다.

핵심키워드

AI(인공지능), 플랫폼, 국방 AI 플랫폼

출처 | 국방기술진흥연구소

탐구주제

탐구주제1	국방 AI 플랫폼의 정의와 우리나라의 현재 개발 상황에 대한 탐구
탐구주제2	국방 AI 플랫폼의 필요성과 성공적인 개발을 위한 제언
탐구주제3	국방 분야에서 AI를 활용한 성공 사례 조사

관련계열 및 학과

공학계열 소프트웨어공학과, 소프트웨어학과, 소프트웨어융합학과, 융합소프트웨어학과, 인공지능소프트웨어학과, AI소프트웨어학과, AI소프트웨어보안학과, IT소프트웨어학과, 컴퓨터공학과, 정보보안학과, 정보통신공학과, 국방정보공학과, 국방시스템공학과, 사이버국방학과

사회계열 국가안보학과, 국방기술학부, 군사안보학과, 군사학과

07

기후변화? 기후기술!

자료소개

이 자료는 해수면 상승/사막화/해빙 면적 축소/홍수/폭풍/가뭄 등 극단적 이상기후 재해를 예방하기 위한 국제사회의 노력과 협력활동, 이상기후로 인해 삶의 터전을 떠나는 기후난민 문제에 대해 다루고 있다.

또한 기후변화의 원인과 더불어 유엔기후변화협약의 원칙과 당사국총회/교토 의정서/파리 협정의 주내용을 살펴보며, 기후기술 분류체계와 기후변화 대응을 위한 감축기술 및 적응기술 등을 소개한다.

핵심키워드

기후변화, 기후변화에 관한 유엔 기본 협약, 기후변화 대응기술

출처 | 국가녹색기술연구소

탐구주제

탐구주제1 기후변화에 관한 유엔 기본 협약의 개념과 교토 의정서 및 파리 협정에 대한 탐구

탐구주제2 기후변화 대응을 위한 감축기술에 대한 조사 연구

탐구주제3 기후변화 대응을 위한 적응기술에 대한 조사 연구

관련계열 및 학과

공학계열 에너지환경공학과, 지구환경시스템공학과, 친환경에너지공학과, 토목환경공학과, 환경공학과, 환경기술공학과, 환경안전공학과, 환경에너지공학과, 환경에너지학과, 환경시스템공학과

자연계열 대기환경과학과, 환경학과, 환경과학전공, 환경대기과학전공, 환경보건과학과

교육계열 환경교육과

08

기후변화에서 지구를 지키는 미래 녹색기술: 자연재해 편

자료소개

기후변화에서 지구를 지키는 **미래 녹색기술** 자연재해 편

전 세계적으로 대규모 기후변화에 대처하고 지구를 지속가능하게 발전시키려면 인류의 노력이 절실히 필요하다. 무엇보다 유망한 과학기술을 활용하여 기후변화와 자연재해 문제를 해결하려는 노력이 중요해지고 있다.

이 자료는 미래에 기후변화와 자연재해(태풍, 호우, 산사태, 폭염)를 효과적으로 예방하고 대응할 수 있는 유망기술들을 소개하고 있다.

핵심키워드
기후변화, 지속가능한 발전, 미래 녹색기술

출처 | 국가녹색기술연구소

탐구주제

탐구주제1 슈퍼컴퓨터를 활용한 기상정보 분석 기술에 대한 탐구

탐구주제2 산사태 예방을 위한 슈퍼콘크리트 개발 기술에 대한 탐구

탐구주제3 폭염에 대응하기 위한 제로에너지건축 기술에 대한 조사 탐구

관련계열 및 학과

공학계열 건축공학과, 소프트웨어공학과, 소프트웨어학과, 신소재공학과, 정보통신공학과, 컴퓨터공학과, 화학공학과

사회계열 공공행정학과, 지리학과

자연계열 대기과학과, 산림학과, 지구환경과학과, 환경학과

09

디지털 트윈 기반 스마트시티 고도화 방안

자료소개

이 자료는 디지털 트윈 기반 스마트시티 고도화의 개념을 디지털 트윈의 기술 발전 단계와 스마트시티의 발전 단계, 디지털 트윈과 스마트시티의 관계를 바탕으로 소개한다.

디지털 트윈 기반 스마트시티 고도화의 장애요소들을 파악하고, 국내외 스마트시티 동향 분석과 시사점을 담았다. 또한 디지털 트윈 기반 스마트시티 고도화를 위한 기본 방향 및 모델을 정립하고, 스마트시티 고도화의 장애요소들을 극복하기 위한 정책 방안을 제시했다.

핵심 키워드

디지털 트윈, 스마트 시티, 디지털 트윈 기반 스마트시티

출처 | 국토연구원

탐구주제

탐구주제1 디지털 트윈 기반 스마트시티 고도화의 개념과 필요성 및 방향에 관한 연구

탐구주제2 국내외 스마트시티 디지털 트윈 추진 동향과 시사점에 관한 탐구

탐구주제3 디지털 트윈 기반 스마트시티 고도화를 위한 정책 방안에 대한 탐구

관련계열 및 학과

공학계열 공간정보공학과, 교통공학과, 교통시스템공학과, 도시공학과, 도시건축학부, 도시계획학전공, 도시정보공학과, 도시환경공학부, 스마트도시학부, 스마트시티공학과, 스마트시티융합학과, 토목교통공학부, 토목공학과

사회계열 도시계획학과, 도시 · 부동산학과, 도시행정학과, 지역사회개발학과

10

메타버스, NFT 저작권 쟁점 연구

메타버스는 물리적 세계와 가상 세계의 연결 또는 결합을 의미하는 개념으로 증강현실, 라이프로깅, 거울 세계, 가상 세계 등 디지털로 표현된 새로운 세상을 의미한다. 한편, NFT는 메타버스의 발전 과정에서 지속가능한 메타버스 생태계를 위한 핵심개념으로 각광받고 있다.

이 자료는 메타버스와 NFT 시장이 급부상함에 따라 새로운 저작물 유통 환경에서 발생 가능한 저작권 쟁점을 도출하고 분석하여, 저작물의 유통 활성화를 통한 산업 발전에 도움을 주고자 만들어졌다.

핵심키워드

메타버스, 메타버스 저작권, NFT

출처 | 한국저작권위원회

탐구주제

탐구주제1	메타버스에서의 저작권 쟁점에 관한 탐구
탐구주제2	NFT에서의 저작권 쟁점에 관한 조사 탐구
탐구주제3	디지털 트윈 기술과 저작권법상 건축저작물의 보호에 관한 탐구

관련계열 및 학과

공학계열 기계공학과, 메카트로닉스공학과, 반도체공학과, 소프트웨어학과, 소프트웨어공학과, 전기공학과, 전자공학과, 제어계측공학과, 컴퓨터공학과

사회계열 공공행정학과, 문화콘텐츠학과, 법학과, 행정학과

교육계열 사회교육과, 컴퓨터교육과

11

메타버스와 NFT, 사이버보안 위협 전망 및 분석

자료소개

이 자료는 "Web 3.0"의 새로운 웹 플랫폼 패러다임 변화를 자극하는 기술로 주목받는 메타버스와 NFT 기술이 융합되어 발전하면서 발생하는 보안 위협을 줄일 목적으로 만들어졌다.

현대 사회는 메타버스를 중심으로 가상 세계와 현실 세계가 연결됨에 따라 보안 위협이 동시다발적으로 발생한다. 이로 인해 발생 가능한 이용자의 생명 및 재산 위협을 줄일 수 있도록 기업과 이용자 모두가 안전하고 신뢰할 수 있는 '메타버스 환경' 구축을 위한 법제도 등 개선책에 대해 다루고 있다.

핵심키워드

메타버스, 사이버보안, NFT, Web 3.0

출처 | 한국인터넷진흥원

탐구주제

탐구주제1 메타버스와 NFT의 개념 및 발전 동향 탐구

탐구주제2 메타버스와 NFT의 현황 및 활용 사례에 대한 연구

탐구주제3 메타버스와 NFT의 보안 이슈 탐구 및 대응 방안에 관한 연구

관련계열 및 학과

공학계열 소프트웨어공학과, 전자공학과, 전자정보통신공학과, 전기공학과, 정보통신공학과, 정보통신AI공학과, 정보통신보안학과, 정보통신전자공학부, 컴퓨터공학과

사회계열 국제통상학과, 게임콘텐츠학과, 디지털콘텐츠학과, 문화콘텐츠학과

예체능계열 메타버스&게임학과, 메타버스융합전공, 메타버스크리에이터과, 메타버스게임디자인과

12 생활 속 소중한 자원이야기

자료소개

이 자료는 날로 심각해지고 있는 생활폐기물에 의한 환경오염을 줄이고, 폐기물도 자원이 되는 자원순환사회로의 전환을 촉구하고자 만들어졌다. 생활폐기물로 인한 환경문제로 발생하는 사회경제적 비용을 따져보고, 우리나라와 외국의 생활폐기물 배출 및 처리 현황 비교 내용을 담았다. 또한 생활폐기물을 줄이기 위한 노력과, 생활폐기물을 자원으로 활용하기 위해 운영되고 있는 각종 제도 등을 안내하고 있다.

핵심키워드

환경오염, 생활폐기물, 자원순환사회

출처 | 환경부

탐구주제

탐구주제1	자원순환사회의 개념과 생활폐기물로 인한 환경문제 탐구
탐구주제2	우리나라와 외국의 생활폐기물 배출 및 처리 현황에 관한 비교 연구
탐구주제3	생활폐기물을 자원으로 활용하기 위한 제도 운영에 관한 조사

관련계열 및 학과

공학계열 건설환경공학전공, 공간환경학부, 대기환경과학과, 도시환경공학부, 바이오환경에너지학과, 사회환경시스템공학부, 에너지환경공학과, 환경공학과, ICT환경융합학과

자연계열 환경학과, 환경과학과

교육계열 환경교육과, 기술교육과, 가정교육과

13

스마트농업 확산에 대응한 농업인 역량 강화 방안

자료소개

식량안보 증진을 위한 농업의 생산성 제고와 기후위기 대응, 환경오염 문제 해소 등을 위하여 농업의 디지털 혁신을 기반으로 하는 '스마트농업'의 확산이 중요한 과제로 대두되고 있다.

이 자료는 농업 분야의 디지털 전환을 통한 신성장 산업화로 농가 소득을 증대함으로써 농가 인구 감소 및 고령화 등 우리 농업이 겪고 있는 구조적 어려움을 극복하고, 스마트농업 확산에 대응한 농업인 역량을 강화하고자 만들어졌다.

핵심키워드

식량안보, 스마트농업, 스마트농업정책, 농업인 역량 강화

출처 | 한국농촌경제연구원

탐구주제

탐구주제1 스마트농업 관련 정책 탐구

탐구주제2 스마트농업 국외 사례 및 시사점에 관한 탐구 조사

탐구주제3 스마트농업 보급 현황에 대한 탐구

관련계열 및 학과

공학계열 소프트웨어공학과, 소프트웨어학과, 정보통신공학과, 전기공학과, 전자공학과, 제어계측공학과, 컴퓨터공학과

자연계열 농생물학과, 농업경제학과, 농업시스템학과, 스마트농업학과, 식물자원학과, 원예학과

교육계열 가정교육과, 기술교육과

14

안전속도 5030 종합 효과분석 연구

● 자료소개 ●

「안전속도 5030 종합 효과분석 연구」
- 최종보고서 -

안전속도 5030이란 도시부 일반도로는 제한속도 시속 50km, 생활도로 등 이면도로는 시속 30km 이하로 낮춰 보행자 교통사고 사망자수를 감소시키는 정책을 말한다.

이 자료는 안전속도 5030 시행에 따른 시행 전후, 미시행지역과 시행 지역간 안전도 및 차량 주행속도 등의 비교 분석을 통한 제한속도 하향 성과에 관한 평가보고서이다. 5030 정책의 효과 분석을 통해 정책 시행의 필요성을 입증하고자 한다.

핵심키워드

안전속도 5030, 교통안정성, 교통소통

출처 | 경찰대학 치안정책연구소

탐구주제

탐구주제1	국내외 5030 효과 분석 사례 조사 탐구
탐구주제2	안전속도 5030 시행으로 인한 교통소통 분석 결과 제시
탐구주제3	안전속도 5030 시행으로 인한 국민체감도 분석 결과 제시

관련계열 및 학과

공학계열	교통공학과, 도시공학과, 자동차공학과, 정보통신공학과, 제어계측공학과
사회계열	공공행정학과, 도시행정학과, 법학과, 행정학과
교육계열	사회교육과

15 알기 쉬운 건축설계 저작권

자료소개

이 자료는 건축설계 저작권에 대한 올바른 사회적 인식 변화와 함께, 건축설계나 건축설계를 통해 만들어진 건축물이 저작권법을 통해 보호받는 저작물이라는 내용을 담고 있다.

건축도 다른 저작물과 마찬가지로 인간의 사상과 감정이 표현된 창작물이며, 건축 저작권의 침해로 창작의 노력이 정당한 대가와 인정을 받지 못하는 상황이 지속된다면 저작자의 창작의지를 저하시켜 건축설계 품질을 떨어트릴 수 있음을 시사한다. 나아가 건축문화와 건축 산업에도 부정적인 영향을 미친다는 점을 강조한다.

핵심키워드
저작권, 건축물 저작권, 건축설계 저작권

출처 | 건축공간연구원

탐구주제

탐구주제1 저작권법의 개요 및 건축설계 저작권 탐구

탐구주제2 건축설계 분야의 저작재산권 침해 사례 조사 및 해결 방법

탐구주제3 건축설계 분야의 저작인격권 침해 사례 조사 및 공정한 사용을 위한 제언

관련계열 및 학과

공학계열 건축학과, 건축공학과, 건축설계학과, 건축디자인학과, 건축인테리어디자인학과, 실내인테리어학과, 정보보호학과

사회계열 법학과, 행정학과, 문화콘텐츠학과, 표준지식학과, 인문콘텐츠학부 지적재산권전공

교육계열 기술교육과

예체능계열 산업디자인학과, 실내건축디자인학과, 융합디자인학과, 종합디자인학과

16 2022 양자정보기술 백서

● 자료소개 ●

이 자료는 주요 산업 분야(의료, 금융, 국방, 제조 등)에 적용되어 국가 경제발전과 사회 전반에 혁신을 가져올 '양자정보기술'에 대한 내용을 담고 있다.

양자정보기술의 다양한 산업화 모델에 대한 소개, 국내외 양자정보기술의 동향 및 R&D 동향을 종합적으로 정리하여 미래 양자정보기술의 산업화를 위한 방향을 제시한다. 또한 양자정보기술 전문인력 양성을 위한 인력양성정책에 대해 다루고 있다.

핵심 키워드
양자정보기술, 양자정보기술 산업화, 양자정보기술 인력양성

출처 | 과학기술정보통신부, 한국지능정보사회진흥원, 미래양자융합포럼

탐구주제

탐구주제1 양자기술 산업화 모델 중 양자컴퓨팅 분야 산업화 모델에 대한 탐구

탐구주제2 국내외 양자정보기술 R&D 동향에 대한 탐구

탐구주제3 국내외 양자정보기술 인력양성정책과 전문인력 수급 전망에 대한 탐구

관련계열 및 학과

공학계열 반도체공학과, 산업공학과, 전기공학과, 전자공학과, 정보보안학과, 정보통신공학과, 제어계측공학과, 컴퓨터공학과

자연계열 나노전자물리학과, 물리학과, 반도체물리학과, 수학과, 수학통계학과, 응용물리학과, 응용수학과, 정보통계학과, 통계학과

17

오존, 제대로 알고 대비해요!

자료소개

오존은 자동차나 사업장 등에서 직접 배출되는 오염물질이 아니라, 대기 중에 배출된 대기오염물질이 햇빛을 받아 광화학 반응을 일으켜서 생기는 2차 오염물질을 말한다.

이 자료는 오존의 정의와 양면성, 위험성을 제시한다. 오존에 대한 올바른 대비책과 생활 속 오존 대응 실천 방안 제시, 오존 예방 관련기관 정보 소개를 통해 오존으로부터 사람들의 건강을 지키는 것을 목적으로 한다.

핵심 키워드

오존의 개념, 오존의 위험성, 오존 대응책

출처 | 환경부

탐구주제

탐구주제1	오존의 개념과 오존의 위험성에 대한 탐구
탐구주제2	다양한 오존 대비책에 대한 탐구 조사
탐구주제3	생활 속 오존 대응 실천 방안에 대한 조사 탐구

관련계열 및 학과

공학계열	소프트웨어학과, 에너지공학과, 환경공학과
사회계열	행정학과, 행정정보학과, 경찰행정학과, 공공행정학과
자연계열	대기과학과, 지구환경과학과, 환경학과

18 음식물쓰레기 저감과 자원화, 그 성과와 미래

음식물쓰레기 저감과 자원화,
그 성과와 미래   2017.4

자료소개

이 자료는 OECD 국가 중 유일하게 음식물 폐수를 해양에 버리고 있는 우리나라의 현 상황을 고려하여 바다에 버려온 폐수를 육상에서 처리하기 위한 대책을 마련할 목적으로 만들어졌다.

문제 해결을 위해 각 자치단체는 음식물쓰레기 처리를 위한 퇴비 및 사료화 시설을 운영하고 있다. 그러나 음식물에 포함된 염분으로 인해 토양과 식물, 작물고갈 문제가 발생하고 있다. 이 책에서는 음식물쓰레기 자원화와 자원화 현황, 자원화를 통한 환경 및 경제적 효과 등을 다루고 있다.

핵심키워드
음식물쓰레기, 음식물쓰레기 저감, 음식물쓰레기 자원화

출처 | 환경부

탐구주제

탐구주제1	음식물쓰레기가 환경에 미치는 영향
탐구주제2	음식물쓰레기 종량제의 개념과 시행 효과 및 성과에 대한 탐구
탐구주제3	음식물쓰레기 자원화로 인한 환경 및 경제적 성과와 우리의 자세

관련계열 및 학과

공학계열	환경공학과, 식품공학과, 에너지자원공학과, 에너지환경공학과, 환경에너지공학과, 환경에너지학과
사회계열	식물자원학과, 식품영양학과, 식품자원경제학과, 생물환경화학과, 지구환경과학과, 해양학과, 환경학과
교육계열	가정교육과, 기술교육과, 환경교육과

19 자율주행시스템을 고려한 신도시 도로 네트워크 구축방안

● 자료소개 ●

이 자료는 도시교통과 도시의 공간 구조를 혁신적으로 변화시킬 미래 모빌리티의 핵심으로 부상한 '자율주행자동차'에 대해 다루고 있다.

우리나라 3기 신도시의 도로 네트워크는 어느 정도 자율주행기술이 구현된 교통수단을 수용할 수 있으며, 예상되는 문제점을 찾아 보완이 필요함을 제언한다. 또한 국내외 문헌고찰을 통해 언제쯤 자율주행자동차가 실질적으로 상용화될 지를 전망한다.

핵심키워드

자율주행시스템, 자율주행기술, 미래 모빌리티

출처 | 토지주택연구원

탐구주제

탐구주제1	자율주행자동차의 정의와 기술적 요소에 대한 탐구
탐구주제2	우리나라 3기 신도시의 도로 네트워크 현황 및 특징 조사
탐구주제3	자율주행자동차 상업화 전망에 대한 탐구

관련계열 및 학과

공학계열
교통공학과, 교통물류공학과, 교통시스템공학과, 도시공학과, 미래자동차공학과, 미래모빌리티과, 스마트자동차공학과, 자동차ICT공학과, 자동차공학과, 지능형모빌리티공학과, 지역환경토목학과, 토목공학과, 환경공학과, AI자동차학과

사회계열
도시계획학과, 도시부동산학과, 도시사회학과, 도시행정학과, 지리학과, 행정학과

교육계열
기술교육과, 환경교육과

20 제4차 우주개발진흥 기본계획

자료소개

이 자료는 우리나라의 미래 우주경제 로드맵 이행을 위한 제4차 우주개발진흥 기본계획이다.

세계 우주개발 환경의 변화, 국내 우주정책 추진 성과와 배경에 대해 다룬다. 또한 제4차 우주개발진흥 기본계획 수립 방향과 앞으로의 비전 및 추진 전략을 제시한다.

더불어 최근 환경 변화를 반영하여 기존 연구개발 중심 계획에서 우주안보, 우주산업, 우주외교 등을 포괄하는 종합적 정책을 제시하고 있다.

핵심키워드

우주개발, 우주개발진흥 기본계획, 우주경제 로드맵

출처 | 관계부처합동

탐구주제

탐구주제1 세계 각국의 우주개발 환경 변화에 대한 탐구

탐구주제2 국내 우주정책 추진 성과와 제4차 우주개발진흥 기본계획 수립 방향에 대한 연구

탐구주제3 2045년 우주경제 글로벌 강국 실현을 위한 추진 전략에 대한 고찰

관련계열 및 학과

공학계열 기계공학과, 기계우주항공공학부, 기계항공학부, 반도체공학과, 우주항공시스템공학부, 전자공학과, 정보통신공학과, 항공·기계설계전공, 항공기계공학과, 항공소프트웨어공학과, 항공전자공학과, 항공정보통신공학과, 항공우주공학과

사회계열 군사학과, 법학과, 정치외교학과, 행정학과

21 첨단 항공엔진 국내개발을 위한 제언

KRIT Issue Paper 2022년 Vol. 01

첨단 항공엔진 국내개발을 위한 제언

송총건 제왕주

국방기술진흥연구소 이슈페이퍼
제 01호
2022.05.18.
www.krit.re.kr

KRIT 국방기술진흥연구소

• 자료소개 •

현재 국내에서 독자적으로 개발한 항공기 모델들에 장착된 엔진은 모두 국외 도입하여 장착한 것이다.

이 자료는 항공기 엔진 개발 분야의 선진국뿐만 아니라 후발국 사례를 분석하여 벤치마킹하고, 우리나라 최초 독자 첨단 항공엔진 모델의 개발 방식에 적합한 기술 수준을 제언한다.

또한 지속가능한 국가 성장 동력으로서 항공엔진 산업을 육성하고자 기술별 전문인력 양성, 항공엔진 관련 시설 투자 등 인프라 구축 계획의 수립을 제안한다.

핵심키워드
항공엔진, 첨단 항공엔진, 항공엔진 국산화

출처 | 국방기술진흥연구소

탐구주제

탐구주제1	첨단 항공엔진의 개요 및 상용화에 대한 탐구
탐구주제2	우리나라의 첨단 항공엔진의 기술 수준에 대한 조사 탐구
탐구주제3	첨단 항공엔진 해외 동향 및 국산화를 위한 제언

관련계열 및 학과

공학계열
기계공학과, 기계우주항공공학부, 기계항공공학부, 무인항공기학과, 스마트드론공학과, 신소재공학과, 우주항공시스템공학부, 전기공학과, 전자공학과, 항공우주공학과, 항공기계공학, 항공드론학과, 항공전자공학과

자연계열
반도체물리학과, 물리학과, 수학물리학과, 응용물리학과, 전자물리학과

교육계열
기계교육과

22

청정 수소 생산의 경제성 확보를 위한 수전해의 기술적 제도적 개선 방안 연구

청정 수소 생산의
경제성 확보를 위한
수전해의 기술적
제도적 개선 방안 연구

기후변화 대응을 위한 탈탄소 사회로의 전환은 이미 전 세계에서 주요 정책으로 다뤄지고 있다. 특히 청정 수소(블루 수소와 그린 수소)는 재생에너지와 함께 탄소중립 실현을 위한 핵심수단으로 인식되면서 그 중요성이 점차 커지고 있다.

이 자료는 청정 수소 생산의 핵심인 수전해 기반 수소의 생산 비용을 낮추기 위한 기술적·제도적 개선 방안에 대해 연구하고 있다. 저렴한 수전해 수소 생산을 위한 기술 개발 및 정책 지원의 방향성을 제시한다.

핵심키워드
🔍 탈탄소 사회, 청정 수소, 탄소중립, 수전해 기술

출처 | 에너지경제연구원

탐구주제

탐구주제1	수전해 기술의 개념 및 국내외 수전해 기술 현황에 대한 탐구
탐구주제2	국내 수소 생산 방식별 생산 비용 비교 분석
탐구주제3	수전해 수소의 경제성 확보를 위한 기술적 · 제도적 개선 방향

관련계열 및 학과

공학계열 스마트전기제어공학과, 스마트전력인프라학과, 에너지전기공학과, 전기시스템공학과, 전기공학과, 전기전자공학과, 전기정보공학과, 에너지공학과

자연계열 지구환경과학과, 화학과, 환경보건학과, 환경생명과학과, 환경학과

교육계열 과학교육과, 기술교육과, 물리교육과, 환경교육과

23 푸드테크의 시대가 온다

자료소개

최근 식품과 정보통신기술의 융복합을 통해 창출되는 신산업인 '푸드테크'에 대한 관심이 높아지고 있다.

푸드테크 산업은 단기적으로 서비스의 효율성을 높이고, 식재료 낭비와 인건비 등의 비용을 줄일 수 있을 것으로 기대된다. 한편, 중장기적으로는 스마트팜 및 대체식품 산업이 성장할 것으로 예상된다.

이 자료는 푸드테크 산업의 전반적인 현황, 최근 크게 주목받고 있는 푸드테크 로봇, 푸드테크 로봇의 국내외 기술 개발 현황과 관련 시장·기술·제도 등에 대해 제시하고 있다.

핵심키워드

푸드테크 산업, 푸드테크 로봇, 푸드테크 로봇 기술의 동향

출처 | 삼일PwC경영연구원

탐구주제

탐구주제1 푸드테크 산업의 개념과 시장 동향에 대한 조사 연구

탐구주제2 푸드테크 로봇의 정의와 글로벌 푸드테크 로봇 시장 현황에 대한 탐구

탐구주제3 푸드테크 로봇 관련 주요 기술과 미래 글로벌 푸드테크 산업 전망

관련계열 및 학과

공학계열 기계로봇공학과, 로봇공학과, 바이오식품공학과, 식품공학과, 식품산업학과, 식품생명공학과, 소프트웨어학과, 소프트웨어공학과, 스마트푸드테크학과, 전자공학과, 지능로봇공학과, 휴먼지능로봇공학과

사회계열 식물자원학과, 식품영양학과, 외식산업학과

교육계열 가정교육과, 기술교육과, 컴퓨터교육과

24 항공승무원이 알아야 할 우주방사선 이야기

자료소개

태양을 포함한 우주에서는 다양한 방사선이 지구를 향해 날아오고 있다. 이 우주방사선은 핵융합반응을 에너지원으로 하는 우주의 행성에서 방출되어 지구에 도달하는 방사선이다.

이 자료에서는 방사선의 개념과 방사선의 종류 및 특징, 생활주변방사선 안전관리법에 대한 정보를 제공한다. 분만 아니라, 항공승무원과 우주방사선의 깊은 관련성에 대한 내용을 다루며 항공승무원의 피폭 관리와 교육 등에 관한 정보를 제공한다.

핵심키워드
방사선, 우주방사선, 항공승무원 피폭 관리

출처 | 한국원자력안전재단

탐구주제

탐구주제1	방사선의 종류와 생활주변방사선 안전관리법에 대한 탐구
탐구주제2	우주방사선의 정의 및 비행고도와 우주방사선량의 관계 조사
탐구주제3	항공승무원의 방사선 안전과 피폭 관리에 대한 탐구

관련계열 및 학과

공학계열	원자력공학과, 원자핵공학과, 양자원자력공학과, 에너지공학과, 항공우주공학과, 항공운항학과, 환경공학과
사회계열	글로벌항공서비스학과, 항공서비스경영학과, 항공서비스학과(부)
자연계열	물리학과, 천문우주학과
의약계열	방사선학과, 방사선화학과, 의료공학과

25

Web 3.0 시대 핵심 기술, 블록체인 보안 위협 전망 및 분석

자료소개

이 자료는 디지털 대전환과 디지털 경제를 견인할 핵심 기술로, 웹 3.0 패러다임 전환의 주요 동인인 블록체인 기반 웹 3.0 전환의 주요 구성 요소에 대한 내용을 담고 있다.

블록체인 기술이 광범위하게 활용됨에 따라 보안 위협은 지속적으로 증가할 것으로 예상되며, 이에 대한 대비책이 필요하다.

따라서 본 연구는 블록체인 보안 이슈와 블록체인 보안 및 대응기술, 정책적 제언 등에 대한 내용을 다루고 있다.

핵심키워드

웹 3.0, 블록체인, 블록체인 보안 및 대응기술

출처 | 한국인터넷진흥원

탐구주제

탐구주제1 블록체인과 웹 3.0 개념 및 블록체인 기반의 웹 3.0 탐구

탐구주제2 블록체인 보안 이슈와 대응기술에 관한 탐구

탐구주제3 블록체인 보안 및 대응기술과 정책적 제언

관련계열 및 학과

공학계열 기술경영공학과, 경영공학과, 블록체인융합학과, 산업공학과, 산업경영공학과, 산업시스템공학과, 소프트웨어학과, 정보보안학과, 정보보호학과, 전자공학과, 컴퓨터공학과, 핀테크학과, 핀테크융합학과

사회계열 경영학과

교육계열 교육공학과, 컴퓨터교육과

V

의약계열

2023~2027년
응급의료 기본계획(안)

자료소개

2023~2027년
응급의료 기본계획[안]

2023. 3.

보건복지부

지금까지 총 3차에 걸친 응급의료 기본계획을 통해 응급의료기관 종별 체계 구축, 닥터헬기 등 이송 기반 강화, 권역외상센터 확충 등 응급의료 전 영역에 걸쳐 대응 체계를 지속적으로 발전시켜 왔다.

본 자료에 따르면 응급의료체계의 변화가 필요한 시점에서 제4차 응급의료 기본계획은 응급기관 종별 지정기준 개편, 중증응급의료센터 전국 50~60개소로 확대, 병원간 순환당직, 전원의뢰 및 회송 통합 협력 강화, 지역 단위 응급의료체계 평가 추진 및 응급의료자원 정보의 정확성 등에 대한 내용을 담고 있다.

핵심 키워드

공공의료, 응급의료, 응급의료정책

출처 | 보건복지부

탐구주제

탐구주제1 우리나라 응급의료정책의 수립 배경과 추진 경과에 대한 탐구

탐구주제2 우리나라 응급의료정책의 여건 분석 및 성과에 대한 탐구

탐구주제3 4차 응급의료 기본계획안 중 현장 · 이송 단계에서의 추진 과제에 관한 탐구

관련계열 및 학과

의약계열 간호학과, 응급구조학과, 의료복지공학과, 의료경영학과, 재활학과

사회계열 공공행정학과, 법학과, 소방행정학과, 소방방재학과, 행정학과

공학계열 소방공학과, 소방안전환경학과, 소방재난관리학과

02

공공형 디지털 헬스케어 서비스 현황 및 발전 방향

자료소개

최근 보건의료서비스 패러다임이 과거 치료 및 진단 중심에서 정밀의료/예측의료/예방의료 중심으로 변화함에 따라 의료비 지출 대비 효과가 높은 '디지털 헬스케어'를 향한 관심이 높아지고 있다.

이 자료는 디지털 헬스케어의 개념과 세계보건기구에서 제시하고 있는 지역사회 디지털 헬스케어 도입을 위한 가이드라인, 국내외 디지털 헬스케어 정책 동향, 공공주도로 수행한 디지털 헬스케어 사업 현황 및 성과 등을 제시하고 있다.

핵심키워드

공공형 디지털 헬스케어 서비스, 지역사회 디지털 헬스케어

출처 | 한국건강증진개발원

탐구주제

탐구주제1	지역사회 디지털 헬스케어 도입을 위한 세계보건기구 가이드라인 탐구
탐구주제2	국내외 디지털 헬스케어 정책 동향에 관한 탐구
탐구주제3	국내 공공형 디지털 헬스케어 사업 현황 및 성과에 관한 조사 탐구

관련계열 및 학과

의약계열	보건관리학과, 의예과, 약학과, 의료공학과, 치의예과, 한의예과
사회계열	공공인재학과, 공공행정학과, 도시행정학과, 법학과, 사회복지학과, 정치외교학과, 행정학과
공학계열	산업공학과, 소프트웨어공학과, 소프트웨어학과, 정보통신공학과, 제어계측공학과, 컴퓨터공학과

03 국내 펫푸드 영양 가이드라인 수립을 위한 제언

자료소개

국내 반려동물 가구의 증가에 따라 관련 사업 시장이 확대되고 있는 가운데 '펫푸드' 품질에 대한 국내 소비자들의 관심이 높아지고 있다. 또한 반려동물의 평균 수명 증가로 인해 다양한 질병이 동반되면서 '질환관리사료'에 대한 관심도 증가하고 있다.

이 자료는 해외 등에서 펫푸드의 영양학적 적절성을 어떻게 관리하고 있는지를 분석했으며, 이를 바탕으로 국내 펫푸드 영양 가이드라인 구축의 필요성을 제시했다.

핵심키워드

반려동물, 펫푸드, 질환관리사료, 펫푸드 영양 가이드라인

출처 | 한국수의영양학회

탐구주제

탐구주제1 펫푸드의 역사 및 특성에 대한 고찰

탐구주제2 해외 펫푸드 영양 가이드라인에 대한 탐구

탐구주제3 국내 펫푸드 관련 제도 및 펫푸드 가이드라인의 국내 도입을 위한 제언

관련계열 및 학과

의약계열 수의예과

자연계열 동물보건복지학과, 동물생명공학과, 동물생명산업학과, 동물자원학과, 반려동물관리학과, 반려동물보건학과, 반려동물산업학과, 반려동물학과, 애완동물학과, 특수동물학과

04

국내외 의료기관의 ESG 동향 및 시사점

자료소개

국내·외 의료기관의
ESG 동향 및 시사점

KHIDI

ESG는 환경(Environmental), 사회(Social), 지배구조(Governance)의 약자이다. 기업경영활동을 환경 경영, 사회적 책임, 건전하고 투명한 지배구조에 초점을 둔 것으로, 지속가능성을 달성하기 위한 기업 경영의 3가지 핵심요소를 의미한다.

이 자료는 전 세계적 트렌드로 자리잡은 ESG가 국내 기업에도 영향을 미치는 상황에서, 국제의료사업을 추진하는 국내 의료기관의 ESG 인식도와 국내외 의료기관 ESG 경영 도입 현황 및 사례를 제시하고 있다.

핵심키워드

ESG, 국내 의료기관 ESG, 국외 의료기관 ESG

출처 | 한국보건산업진흥원

탐구주제

탐구주제1	의료 ESG 개념과 ESG 인식도 조사 결과 탐구
탐구주제2	국내 의료기관의 ESG 도입 사례에 대한 조사 탐구
탐구주제3	해외 의료기관의 ESG 도입 사례에 대한 조사 탐구

관련계열 및 학과

의약계열 병원경영학과, 보건경영학과, 보건행정학과, 환경보건학과

사회계열 경영학과(부), 국제경영학과, 글로벌경영전공 공공행정학과, 금융보험학과, 법학과, 행정학과, IT경영학과

05

국민건강보험 빅데이터로 알아본 한국인의 고혈압

자료소개

우리나라는 전 세계에서 가장 빠른 고령화를 겪고 있으며, 이에 따라 만성질환자도 증가하고 있다. 특히 고혈압은 1,200만 명이 앓고 있어 유병률이 높은 질환이다.

이 자료는 고혈압의 발생률, 유병률, 사망률, 주요 합병증 등에 대한 내용으로 구성되어 있다. 지난 20년간 우리나라 전 국민의 고혈압 질병 전반에 대해 방대한 빅데이터 분석 자료를 제공하므로 활용도가 높다.

핵심키워드

고령화, 만성질환자, 고혈압, 고혈압 빅데이터

출처 | 국민건강보험, 대한고혈압학회

탐구주제

탐구주제1 2007~2021년 우리나라의 고혈압 발생 및 유병 규모에 대한 탐구

탐구주제2 2007~2021년 우리나라 고혈압 환자의 의료이용에 대한 실태 결과

탐구주제3 2007~2021년 우리나라 고혈압 환자의 주요 합병증 발생 규모에 대한 결과

관련계열 및 학과

의약계열 간호학과, 건강관리학과, 공중보건학과, 보건관리학과, 보건의료경영학과, 보건의료관리학과, 보건의료복지학과, 의예과

사회계열 공공행정학과, 보건행정경영학과, 보건행정학과, 보건의료경영학과, 행정학과

06 노인 건강생활을 위한 가이드라인 개발

자료소개

NECA 2022

노인 건강생활을 위한
가이드라인 개발

NECA 한국보건의료연구원

현재 우리나라는 초고령사회 진입을 눈앞에 두고 있으며, 이로 인한 노인 문제가 점점 심각해질 것으로 전망된다. 따라서 젊은 시기부터 건강 관리를 하지 않으면 건강 저하가 여러 분야에서 복합적으로 나타나고, 돌봄 요구도 점차 증가할 것이다. 초고령사회 진입과 노인 의료비의 급격한 증가에 대비하여 건강한 노화를 준비하는 것이 반드시 필요한 시점이다.

이에 본 자료는 노인 인구집단을 대상으로 '노인 건강생활을 위한 가이드라인' 개발 방향을 설정하고, 정책을 제언한다.

핵심키워드

노인 건강, 초고령사회, 노인 건강 가이드라인

출처 | 한국보건의료연구원

탐구주제

탐구주제1	국내 노인 건강관리를 위한 영역별 가이드라인 조사 탐구
탐구주제2	국외 노인 건강관리를 위한 영역별 가이드라인 조사 탐구
탐구주제3	노인 건강생활을 위한 가이드라인 연구결과 및 정책적 제언

관련계열 및 학과

의약계열 보건관리학과, 보건안전학과, 보건의료경영학과, 보건의료관리학과, 건강관리학과, 안전보건학과, 운동재활학과, 운동처방학과, 융합보건학과

사회계열 공공행정학과, 도시행정학과, 행정학과, 사회복지학과, 법학과

07

노인친화기술의 개념과
의학적 적용 방안

노인인구 증가 및 사회 환경의 변화에 따라 노인인구에 적합한 의료 및 돌봄 서비스가 발전하고 있다. 이러한 상황에서 노인친화기술은 보건의료, 주거 및 환경, 고용환경, 학습과 여가 등 삶의 모든 분야에 걸쳐 요구된다. 이 자료는 노인친화기술의 등장과 발전 배경, 노인친화기술의 개념과 동향, 노인친화기술의 사례 및 활용 예시를 다루고 있으며, 노인친화기술의 정책 및 발전 방안까지 제시하고 있다.

핵심키워드

노인친화기술, 돌봄 서비스

출처 | 한국과학기술한림원

탐구주제

탐구주제1 노인친화기술의 개념 및 동향 탐구

탐구주제2 노인친화기술의 사례 및 활용 예시 조사 발표

탐구주제3 노인친화기술 활성화를 위한 정책 제언 및 발전 방안에 대한 탐구

관련계열 및 학과

의약계열 간호학과, 물리치료학과, 실버재활학과, 의예과, 작업치료학과, 재활학과, 한의예과

사회계열 공공행정학과, 노인복지상담학과, 법학과, 사회복지학과, 실버산업학과, 실버케어복지학과

08

대사증후군 관리를 위한 건강실천안내서

자료소개

현대 사회의 서구화된 식습관, 바쁜 일상생활로 인한 운동 부족, 스트레스 등의 증가로 복부비만, 당뇨병, 심뇌혈관질환, 암 발생위험이 높아졌다. 이 질병들은 우리나라 주요 사망원인에 해당하는데, 어느 한가지로 오기보다는 서로 연관되어 동시에 발생한다. 이처럼 서로 연관성이 있는 질병들을 '대사증후군'이라 한다.

이 자료는 대사증후군의 이해, 대사증후군과 식습관, 대사증후군과 운동, 대사증후군과 흡연 및 음주, 스트레스 등으로 분류하여 원인과 대처 방법을 안내한다.

핵심키워드

대사증후군, 대사증후군 원인, 대사증후군 관리 방법

출처 | 국민건강보험

탐구주제

탐구주제1 대사증후군 관리를 위한 식습관 방법 탐구

탐구주제2 운동을 통한 대사증후군 관리 방법 탐구

탐구주제3 대사증후군과 음주 · 흡연 · 스트레스의 관련성 및 관리 방법에 대한 탐구

관련계열 및 학과

의약계열 간호학과, 건강관리학과, 보건관리학과, 의예과, 약학과, 임상병리학과

자연계열 식품영양학과, 생명과학과, 외식산업학과

예체능계열 건강운동관리학과, 스포츠건강관리학과, 스포츠건강학과, 스포츠의학과, 운동건강관리학과

09 동물복지 강화 방안(안)

자료소개

'동물복지'는 동물들의 적절한 삶의 질과 안녕을 보장하기 위한 노력을 의미한다. 이는 동물들이 신체적·정서적으로 건강하고 행복한 삶을 살 수 있도록 돕는 것을 목표로 한다.

이 자료는 영국, 미국 등 주요 선진국의 동물복지 정책 동향을 조사하고, 우리나라 정책 여건 등과 비교 분석한다. 그리고 동물보호단체/반려동물 영업자/전문가 등 다양한 의견을 수렴하여 앞으로 추진해 나갈 동물복지 정책 방향을 제시한다.

핵심키워드 동물복지, 선진국 동물복지 정책

출처 | 농림축산식품부

탐구주제

탐구주제1 주요 선진국의 동물복지 정책 동향 조사 탐구

탐구주제2 국내 동물복지 정책 동향 및 선진국과의 비교 탐구

탐구주제3 우리나라의 동물복지 추진 전략 및 주요 과제에 대한 탐구

관련계열 및 학과

의약계열 수의예과

자연계열 동물보건복지학과, 동물보건학과, 동물생명공학과, 동물생명산업학과, 동물자원과학과, 동물자원학과, 반려동물보건학과, 반려동물산업학과, 애완동물학과, 특수동물학과

10 디지털 치료제의 특허법적 보호 현황과 과제

IP Focus

디지털 치료제의 특허법적 보호 현황과 과제

이상욱
한양대학교 한양디지털헬스케어센터
연구교수수/이학박사

천성태
한국지식재산연구원 정보분쟁분석센터 분쟁연구팀
부연구위원/법학박사

한국지식재산연구원

자료소개

디지털 헬스케어 분야가 성장하면서 디지털 치료제와 관련된 발명 등 지식재산 보호 문제가 매우 중요해졌다. 그 이유는 디지털 치료제가 소프트웨어적 요소, 게임적 요소, 치료 목적의 콘텐츠적 요소 등의 융복합적 특징을 지니기 때문이다.

이 자료는 디지털 치료제의 의의와 특징 및 분류, 디지털 치료제의 특허법적 보호 현황과 과제 등을 제시하여 디지털 치료제의 지식재산 분야 현황과 과제를 다루고 있다.

핵심키워드

디지털 치료제, 디지털 헬스케어, 디지털 헬스케어 지식재산

출처 | 한국지식재산연구원

탐구주제

탐구주제1 디지털 치료제의 의의와 특징 및 분류에 대한 탐구

탐구주제2 디지털 치료제의 특허법적 보호 현황 및 과제에 관한 탐구

탐구주제3 가상현실 기술을 활용한 디지털 치료의 효과적인 적용 방법 탐구

관련계열 및 학과

의약계열 건강관리학과, 보건관리학과, 의예과, 약학과, 의료공학과, 재활건강증진학과

사회계열 지식경영학부, 지식서비스경영학과, 지식융합미디어학부, 표준지식학과

공학계열 디지털헬스케어학과, 반도체공학과, 소프트웨어공학과, 소프트웨어학과, 전기공학과, 전자공학과, 정보통신공학과, 헬스케어메디컬공학부

11 디지털시대 의료서비스 혁신을 위한 스마트병원 육성 방안 연구

자료소개

ICT 기반의 초연결 기술을 활용한 디지털 병원에 대한 관심이 높아지는 가운데 대형병원을 중심으로 초연결 기술을 활용한 스마트병원 사업이 추진되고 있다.

이 자료는 국내외 보건의료와 관련하여 경제·사회·기술적 변화 측면에서 스마트병원의 등장 배경을 살펴본다. 그리고 스마트병원을 위해 갖추어야 할 요소, 스마트병원의 기대효과, 주요국의 스마트병원 정책 추진 동향, 당면 문제 및 육성 방안 등을 제시한다.

핵심키워드 디지털시대 의료서비스, 헬스케어, 초연결 기술, 스마트병원

출처 | 한국보건산업진흥원

탐구주제

탐구주제1 스마트병원의 등장 배경과 개념 및 기대 효과에 대한 탐구

탐구주제2 국내 의료기관들의 스마트화 움직임 및 의료기관의 당면 문제에 대한 고찰

탐구주제3 스마트병원 관련 주요 기술의 서비스 적용 사례에 대한 탐구

관련계열 및 학과

의약계열 간호학과, 건강관리학과, 공중보건학과, 병원경영학과, 보건관리학과, 보건관리학전공, 안전보건학과, 의료정보학과, 의예과

사회계열 보건경영학과, 보건의료경영학과, 보건의료정보학과, 보건행정학과

공학계열 디지털헬스케어학과, 소프트웨어학과, 소프트웨어공학과, 스마트헬스케어학과, 전자공학과, 정보통신공학과, 컴퓨터공학과

12 디지털치료제로서 게임 활용 방안 연구

자료소개

디지털치료제라 불리는 '4세대 신약'은 소프트웨어를 의료기기라 정의한다. 디지털치료제는 '질병을 예방·관리·치료하기 위해 환자에게 근거 기반 치료제 개입을 제공하는 소프트웨어 의료기기'를 말한다.

이 자료는 디지털치료제의 이론적 배경과 국내외 디지털치료제 동향, 디지털치료제 개발 가이드라인을 제시하면서 게임과 의료, 헬스케어 등 디지털치료제 개발 관련 협업 기관 사이의 정보 공유 포털 구축 및 기술 개발을 제안한다.

핵심키워드

헬스케어, 디지털치료제 개발 가이드라인

출처 | 한국콘텐츠진흥원

탐구주제

탐구주제1	디지털치료제의 개념과 역사에 대한 고찰
탐구주제2	국내외 디지털치료제 동향에 대한 탐구
탐구주제3	'게임 기반' 디지털치료제 확산을 위한 정책 제언에 대한 탐구

관련계열 및 학과

의약계열 임상의약학과, 의예과, 작업치료학과, 재활학과

공학계열 게임공학과, 기계공학과, 소프트웨어공학과, 소프트웨어학과, 컴퓨터공학과

교육계열 컴퓨터교육과, 교육공학과

13

디지털 헬스케어의 개화
(원격의료의 현주소)

자료소개

디지털 헬스케어는 건강 관련 서비스와 의료 IT가 융합된 종합의료서비스이다. 기존 의료시스템이 환자의 치료에만 초점을 맞춘 대응적 사후 관리였다면, 디지털 헬스케어는 IT 기술과의 융합을 통해 치료뿐만 아니라 미래 예측을 통한 질병 예방까지 목표로 한다.

이 자료는 디지털 헬스케어의 개념 및 시장 동향, 디지털 헬스케어의 핵심 분야, 국내 원격의료 관련 주요 쟁점 및 도입 진행 상황과 그에 맞는 대응 방안을 함께 제시했다.

핵심 키워드 디지털 헬스케어, 국내 원격의료 주요 쟁점

출처 | 삼양PwC경영연구원

탐구주제

탐구주제1 디지털 헬스케어의 개념 및 시장 동향에 대한 탐구

탐구주제2 디지털 헬스케어의 핵심 분야에 대한 고찰

탐구주제3 국내 원격의료 관련 주요 쟁점 및 대응 방안에 대한 탐구

관련계열 및 학과

의약계열 건강관리학과, 보건관리학과, 보건의료관리학과, 의료공학과, 의예과, 융합보건학과

공학계열 기계공학과, 산업공학과, 소프트웨어공학과, 소프트웨어학과, 정보통신공학과, 제어계측공학과, 컴퓨터공학과

14

바이오의약품
산업 분석 및 정책 연구

● 자료소개 ●

질병에 관한 지식과 생명공학 기술이 발전하면서 치료 효과가 뛰어난 바이오의약품이 개발되었다. '바이오의약품'은 질환 치료와 함께 제약산업 분야에서 중요한 부분을 차지하며 의료 발전에 크게 기여하고 있다.

이 자료는 글로벌 바이오의약품 산업 현황 및 전망과 더불어 바이오의약품의 연구개발 동향을 살펴본다. 그리고 주요 국가들의 지원 정책을 분석하여 국내 의약품 산업 지원 정책의 방향을 제시한다.

핵심 키워드 바이오의약품, 바이오산업

출처 | 한국보건산업진흥원

탐구주제

탐구주제1	바이오의약품의 개념 및 정의에 관한 탐구
탐구주제2	글로벌 바이오의약품 산업 및 정책 동향에 대한 고찰
탐구주제3	국내 바이오의약품 산업 및 산업 경쟁력 분석에 대한 탐구

관련계열 및 학과

의약계열	간호학과, 바이오제약산업학부, 약학과, 의예과, 의료공학과, 임상병리학과
사회계열	경제학과, 국제통상학과, 무역학과, 행정학과
자연계열	생명과학과, 바이오공학부, 바이오메디컬정보학과, 바이오메디컬학과, 바이오산업학부, 바이오신약의과학부, 바이오의약학과, 화학과

15

보건복지 분야 디지털 기술의 적용 가능성과 전망

자료소개

코로나19 이후 주요 사회 변화를 살펴보면, 비대면 및 원격 문화의 확산으로 디지털 전환이 본격화되고 있다. 바이오 분야의 역할이 커지고 있으며, 디지털 기술로의 환경 변화는 새로운 시대적 요구를 해결하는 기술개발을 촉진하고 있다.

이 자료는 보건복지 분야에 나타난 주요 환경 변화를 살펴보고, 보건복지 분야의 디지털 기술 적용 수준 및 현황에 대해 파악한다. 또한 디지털 기술이 보건복지 분야에 잘 적용될 수 있는 방안을 제시하고 있다.

핵심키워드 디지털 기술, 헬스케어, 디지털 기술과 보건복지

출처 | 한국보건사회연구원

탐구주제

탐구주제1 디지털 기술의 개념 및 디지털 기술 관련 국내외 정책 비교

탐구주제2 디지털 기술의 노인돌봄 분야 적용 사례 탐구

탐구주제3 디지털 기술이 미래 헬스케어에 적용될 사례 탐구

관련계열 및 학과

의약계열 보건관리학과, 의예과, 의료공학과, 작업치료학과, 재활학과, 재활의료공학과

사회계열 보건행정학과, 사회복지학과, 행정학과

공학계열 소프트웨어공학과, 소프트웨어학과, 생체의공학과, 의공학과, 전기공학과, 전자공학과, 컴퓨터공학과

보건의료 빅데이터 활용 방안

보건의료 빅데이터 활용 방안

빅데이터는 여러 분야에서 생성·활용될 수 있다. 보건의료 분야에서는 게놈 데이터와 건강보험심사평가원 등과 관련한 청구 행정 데이터, 전염병 예방, 의료서비스 향상, 의료비 절감 등에 활용될 수 있다.

이 자료는 보건의료 빅데이터의 개요, 보건의료 빅데이터의 국내외 연구 동향, 보건의료 데이터 활용 관련 법제도, 보건의료 빅데이터 활용 방안 등을 담고 있다.

핵심 키워드

빅데이터, 보건의료 빅데이터 활용 방안

출처 | 울산연구원

탐구주제

탐구주제1	보건의료 빅데이터의 개념과 종류 탐구
탐구주제2	보건의료 빅데이터의 국내외 연구 동향과 활용 사례 탐구
탐구주제3	국내 의료데이터 활용 관련 법제도 비교 분석

관련계열 및 학과

의약계열	보건관리학과, 보건의료관리학과, 보건의료정보학과
사회계열	공공행정학과, 금융보험학과, 법학과, 정치외교학과, 통계학과, 행정학과
공학계열	빅데이터AI학부, 빅데이터의료융합학과, 소프트웨어공학과, 소프트웨어학과, 인공지능빅데이터학과, 정보통신공학과, 컴퓨터공학과, AI빅데이터학과

17 세포치료 과학과 윤리

자료소개

줄기세포와 재생의학은 의학발전사에서 새로운 패러다임으로 자리잡고 있으며, 미래 의학의 주요 콘텐츠로 부상할 것으로 예상된다. 그러나 중요한 점은 세포치료 관련 정책이 과학성과 윤리성의 균형 속에서 가능하다는 것이다.

이 자료는 세포치료의 과학, 세포치료제 개발과 시판, 세포치료의 윤리와 법 등을 살펴보고, 관련 분야의 정책적 제언을 담고 있다.

핵심키워드

세포치료, 세포치료제, 세포치료 윤리

출처 | 한국과학기술한림원

탐구주제

탐구주제1 세포치료의 개념과 역사적 발전에 대한 탐구

탐구주제2 세포치료의 윤리와 첨단재생바이오법에 대한 탐구

탐구주제3 세포치료의 발전 전망과 올바른 발전을 위한 정책적 제언

관련계열 및 학과

의약계열 바이오의료기기학과, 보건의료관리학과, 의예과, 의료공학과, 의료복지공학과, 의료경영학과, 의료정보학과, 의료재활학과, 작업치료학과, 재활학과, 재활의료공학과

공학계열 생명공학과, 의료생명공학과, 의료IT공학과, 의료IT학과

18

원격의료 실현을 위한
국내 과학기술의 현황과 극복 과제

자료소개

원격의료는 의료 서비스 공급자가 정보통신기술을 이용하여 다른 의료인이나 환자에게 의료기술 및 서비스를 제공하는 것을 말한다. 원격의료는 시공간적 제약을 해소하고, 환자의 의료 접근성을 높일 수 있다는 점에서 매우 긍정적인 의료서비스이다.

이 자료는 모든 국민에게 안전하고 편리한 의료 서비스를 제공하기 위해 원격의료의 개념, 원격의료의 안정성 확보 방안, 관련 법제도의 개선 방향을 담고 있다.

핵심키워드

원격의료, 원격의료의 기술적 제한점, 원격의료와 인공지능 기술

출처 | 한국과학기술한림원

탐구주제

탐구주제1 원격의료의 개념과 미래 기술에 대한 탐구

탐구주제2 원격의료의 기술적 제한점과 해결 방안에 대한 탐구

탐구주제3 원격의료 실시 환경의 제도적 쟁점과 정책적 제안

관련계열 및 학과

의약계열 간호학과, 보건관리학과, 의예과, 의료공학과

사회계열 공공행정학과, 법학과, 정치외교학과, 행정학과

공학계열 소프트웨어공학과, 소프트웨어학과, 전자공학과, 전기공학과, 정보통신공학과, 제어계측공학과, 컴퓨터공학과

19

유전자 가위기술 연구개발 동향 보고서

자료소개

유전자 가위기술은 특정 유전자 서열을 정교하게 변형하거나 교정하는 기술로, 난치성 유전질환의 치료와 동식물의 품종개량 등에 응용 가능할 것으로 기대되는 기술이다.

이 자료는 유전자 가위기술의 개요, 유전자 가위기술 비임상 및 임상 연구개발 현황, 유전자 가위기술 관련 규제 현황 등을 담고 있다.

핵심키워드

유전자 가위기술, 유전자 가위기술 규제 현황

출처 | 식품의약품안전처 식품의약품안전평가원

탐구주제

 탐구주제1 유전자 가위기술의 개요에 대한 탐구

 탐구주제2 국내외 유전자 가위기술의 개발 현황에 대한 탐구

탐구주제3 유전자 가위기술 관련 국가별 규제 현황에 대한 비교 분석

관련계열 및 학과

의약계열 의예과, 의료공학과, 재활의료공학과

자연계열 농생물학과, 분자생물학과, 생명과학과, 생물학과

공학계열 생명공학과, 전자공학과, 정보통신공학과, 컴퓨터공학과

20

유전체정보기반 정밀의료 발전 방향

자료소개

정밀의료는 환자들에게 보다 나은 치료를 제공하는 데 도움이 된다. 정밀의료 행위를 통해 비싼 의료비를 줄일 수 있으며, 부작용이나 불필요한 시간 낭비도 막을 수 있다. 또한 정밀의료의 활용으로 신약개발 등 새로운 의료창출이 보다 효율적으로 이루어지고 있다.

이 자료는 정밀의료의 현황과 미래기술, 유전체 염기서열 분석의 원리와 미래기술, 유전체 염기서열 분석 데이터의 임상응용, 빅데이터 활용의 신기술, 개정 개인정보보호법의 가명정보 제도와 유전체 연구 관련 내용을 담고 있다.

핵심키워드

유전체, 정밀의료, 유전체 염기서열

출처 | 한국과학기술한림원

탐구주제

탐구주제1 유전체 염기서열 분석 원리와 미래기술에 대한 탐구

탐구주제2 유전체 염기서열 분석 데이터의 임상응용 사례 탐구

탐구주제3 개인 유전정보 빅데이터를 이용한 신약개발 활용 사례 탐구

관련계열 및 학과

의약계열 보건관리학과, 생체의공학과, 의예과, 의료공학과, 의공학과, 임상병리학과

자연계열 생명과학과, 분자생물학과, 생물학과, 화학과

공학계열 기계공학과, 메카트로닉스공학과, 소프트웨어공학과, 제어계측공학과, 컴퓨터공학과

21 의료기기 시장은 어떻게 만들어지는가?

자료소개

보건의료 분야는 고령화 및 건강 수명의 연장으로 지속 성장 가능성이 있는 미래 유망 분야이다. 제약바이오, 의료기기 등 국내 보건의료 산업은 빠르게 성장하고 있으며, 임플란트 등 몇몇 분야는 해외에서도 인기를 얻고 있다.

이 자료는 임플란트의 기술 발전, 시장의 변화, 기업의 변천사를 통해 임플란트 산업의 성공 요인을 확인하고, 이를 통해 의료기기 산업에서 신시장을 개척하기 위해 고려해야 하는 사항 등을 제언한다.

핵심키워드 임플란트, 치과용 임플란트, 치과용 임플란트 산업, 의료기기 산업

출처 | 한국보건산업진흥원

탐구주제

탐구주제1 치과용 임플란트의 개념과 기술 발전에 대한 탐구

탐구주제2 치과용 임플란트 산업의 성장 요인 분석에 대한 탐구

탐구주제3 치과용 임플란트 의료시장의 변화에 대한 분석

관련계열 및 학과

의약계열 의료공학과, 의공학과, 치의예과, 치기공학과, 치위생학과

사회계열 경제학과, 국제통상학과, 무역학과

공학계열 기계공학과, 산업공학과, 전자공학과, 정보통신공학과, 컴퓨터공학과

22 줄기세포치료의 모든 것

자료소개

'줄기세포치료'는 그동안 뚜렷한 치료법이 없던 난치성 또는 퇴행성 질환 등에 대한 치료 가능성을 바탕으로 미래 의학을 이끌어갈 차세대 성장 동력으로 각광받고 있다.

이 자료는 줄기세포의 정의와 종류, 줄기세포 치료제와 치료술, 줄기세포 임상시험 전 환자가 알아야 할 사항, 줄기세포 치료제의 부작용과 위험성 등을 소개하고 있다.

핵심키워드

난치성 질환, 퇴행성 질환, 줄기세포, 줄기세포치료, 줄기세포 치료제

출처 | 한국보건의료연구원

탐구주제

탐구주제1	줄기세포의 정의와 종류에 대한 탐구
탐구주제2	줄기세포 치료제와 치료술에 대한 조사 탐구
탐구주제3	줄기세포 치료(제)의 부작용과 위험성에 대한 탐구

관련계열 및 학과

의약계열	의예과, 의료공학과, 재활학과, 작업치료학과
사회계열	국제법무학과, 공공인재법학과, 법무행정학과, 법학과, 행정학과
자연계열	농생명과학과, 바이오메디컬학과, 바이오의약학과, 바이오제약공학과, 분자생물학과, 분자생명과학과, 분자유전공학과, 생명과학과

23

키워드로 보는 2023년 국제의료 트렌드

● 자료소개 ●

코로나19 확산 방지 등을 위해 세계 각국은 비대면 의료의 활용을 확대했다. 이에 의료 데이터의 분석과 활용이 더욱 중시되고 있으며, 보건의료 분야도 '디지털화'로 패러다임이 바뀌고 있다.

이 자료는 글로벌 헬스케어 산업에 대한 이해와 활성화 방안 모색을 목적으로 한다. 이를 위해 국제의료 시장의 환경 변화를 다각적으로 이해하고 분석하는 데 필요한 동향 정보 등을 제시한다.

핵심 키워드

글로벌 헬스케어, 국제의료, 보건의료, 의료 데이터, 디지털화

출처 | 한국보건산업진흥원

탐구주제

탐구주제1 비대면 의료 분야에서 세계 주요국의 경제적, 기술적 동향에 대한 탐구

탐구주제2 디지털치료기기 분야에서 주요국의 정책 및 기술적 분야에서의 변화 탐구

탐구주제3 보건의료 ESG 분야에서 세계 주요국의 동향 탐구

관련계열 및 학과

의약계열 보건관리학과, 의료공학과, 의예과, 치기공학과

사회계열 국제통상학과, 경제통상학과, 국제통상물류학과, 글로벌통상학과, 금융학과, 금융보험학과, 무역학과, 물류통상학과, 보험계리학과

공학계열 기계공학과, 소프트웨어학과, 전자공학과, 정보통신공학과, 제어계측공학과, 컴퓨터공학과

24 파킨슨병 환자를 위한 운동

● 자료소개 ●

파킨스병은 우리나라뿐만 아니라 전 세계적으로 발병률이 증가하고 있으며, 환자들이 겪는 신체적·정신적 부담이 매우 크다. 또한 파킨스병의 치료와 관리에 소요되는 비용도 매우 높아 사회 전반에 큰 부담을 주고 있다.

이 자료는 신체활동과 운동, 운동과 파킨슨병의 관계, 파킨슨병 환자들을 위한 대표적인 운동연구, 파킨슨병 환자들을 위한 자가 운동 정보 등을 담고 있다.

핵심키워드
파킨슨병, 파킨슨병 운동연구, 파킨슨병 환자 자가 운동

출처 | 질병관리청 국립보건연구원

탐구주제

탐구주제1	파킨슨병의 대표적인 운동연구 탐구
탐구주제2	파킨슨병 환자를 위한 자가 운동 탐구
탐구주제3	체력강화 운동 프로그램이 파킨슨병 환자의 체력 및 인지 기능에 미치는 효과 연구

관련계열 및 학과

의약계열 간호학과, 건강관리학과, 공중보건학과, 물리치료학과, 보건관리학과, 스포츠재활학과, 의예과, 언어치료학과, 운동재활학과, 의료복지학과, 작업치료학과, 재활학과

예체능계열 스포츠과학과, 스포츠의학과

25

한국인을 위한 신체활동 지침서

신체활동은 골격근의 수축 및 이완으로 일어나는 신체의 모든 움직임을 의미하며, 에너지 소비의 큰 부분을 차지한다. 신체활동 부족으로 인해 다양한 질환들이 발생하고 있고, 사망 위험도 증가하고 있다.

이 자료는 우리나라 국민들의 건강한 신체활동을 위해 신체활동 강도의 기준과 측정 방법을 제시하고, 개정된 생애주기별 신체활동 지침 및 안전한 신체활동 실천 방법 등을 안내한다.

핵심키워드

신체활동, 한국인의 신체활동, 생애주기별 신체활동

출처 | 보건복지부, 한국건강증진개발원

탐구주제

탐구주제1 한국인의 신체활동 실천 현황에 대한 조사 탐구

탐구주제2 한국인의 생애주기별 신체활동 지침 탐구

탐구주제3 만성질환자와 장애인의 신체활동 지침 탐구

관련계열 및 학과

의약계열 간호학과, 공중보건학과, 물리치료학과, 보건관리학과, 약학과, 재활학과

자연계열 식품가공학과, 식품공학과, 식품생명공학과, 식품영양학과, 식품외식산업학과, 식품조리학과

예체능계열 건강운동관리학과, 스포츠건강학과, 스포츠건강관리학과, 스포츠의학과, 스포츠재활학과, 운동건강관리학과, 운동재활학과

VI

예체능계열

01

2022 공예문화산업 소비자인식조사

자료소개

2022 공예문화산업 소비자인식조사

현대공예산업은 실용성, 편리성, 디자인을 추구하며 현대인의 생활 속에 깊숙이 스며들고 있다. 또한 제조업과 유통업을 중심으로 디자인·관광·예술 등 다양한 산업과 연계하여 발전하고 있으며, 취미공예와 생활공예를 중심으로 소규모 산업 환경이 활성화되고 있다.

본 자료는 공예산업의 변화를 고려하여 공예문화산업 소비자를 대상으로 공예 관련 전반적인 인식, 공예품 관련 소비 행태, 전시회 및 박람회 참여 현황, 공예 관련 문화여가생활에 대해 연구했다.

핵심키워드

공예문화산업, 공예품 소비행태, 공예 관련 문화여가생활

출처 | 한국공예·디자인문화진흥원

탐구주제

탐구주제1	2022 전통문화산업 인식조사
탐구주제2	문화산업 진흥 · 육성을 위한 법제 개선 방안 연구
탐구주제3	현대공예의 디지털 리터러시 현황과 과제

관련계열 및 학과

예체능계열 공예과, 공예디자인과, 귀금속보석공예전공, 금속공예디자인학과, 금속공예학과, 도예 · 유리과, 도예과, 도예학과, 도자공예학과, 도자디자인학과, 디자인조형학과 공예디자인전공, 디지털공예전공, 리빙디자인학과, 목조형가구학과, 주얼리 · 금속디자인학과

인문계열 문화재학과, 문화재학부, 문화콘텐츠학과, K-문화산업학과, 글로벌문화콘텐츠학과

사회계열 고고문화인류학과, 관광문화콘텐츠학과, 글로벌통상 · 문화학과

02

공연예술분야의 지속가능 창제작 안내서 및 사례집

• 자료소개 •

이 연구는 코로나19 팬데믹 이후 문화예술부문의 기후위기 대응 사례와, 지속가능한 공연예술 창제작을 위한 안내서를 수록하고 있다.

연구 내용에 따르면 국내 공연 제작 현장에서 위기에 처한 우리 생태계와 환경문제에 동참하기 위해서는 구체적인 행동 방안이 필요한 실정이다. 공연예술은 기후와 정의를 위해 예술 본연의 특별함을 반영하여 기후위기를 고려한 기획 및 지침들을 시도해야 하며, 공연예술 창제작 활동은 환경오염에 미치는 영향을 최소화하기 위해 노력해야 한다고 제언한다.

핵심키워드

🔍 기후위기 대응, 지속가능한 공연예술, 공연예술 창제작 활동

출처 | 한국문화예술위원회

탐구주제

탐구주제1 공연예술 관객을 위한 인식조사

탐구주제2 공연예술지원정책 중장기 개선과제 도출을 위한 해외정책 사례 연구

탐구주제3 기후위기시대 예술정책 제안서

관련계열 및 학과

예체능계열 공연기획경영학과, 공연미디어학부, 공연영상창작학부(공간연출전공), 공연영상학과, 공연예술무용과, 공연예술전공, 공연예술학과, 공연예술콘텐츠학과, 무대기술전공(공연기획 및 운영), 미디어영상공연학과, 문예창작학과, 음악공연기획과, K-컬쳐공연·기획학과

인문계열 국어국문·창작학과, 국어국문·문예창작학부, 디지털콘텐츠창작학과, 미디어문예창작학과, 실용콘텐츠창작학과, 웹문예학과

03

국내 K팝 스트릿 댄스 현황 및 발전 방향 기초연구

자료소개

국내 스트릿 댄스는 2024 파리올림픽의 브레이킹 종목 정식 채택, 댄스 관련 미디어의 흥행 등으로 대중적 관심과 수요가 증가하고 있다. 이에 나이와 성별을 불문하고 많은 사람들이 스트릿 댄스를 하나의 문화로 즐기고 있다.

이 자료는 국내 스트릿 댄스 시장의 인기가 높아지는 시점에서 국내 스트릿 댄스 종사자와 시장 현황을 분석하고, 업계의 문제점을 파악하여 그에 대한 개선 방안을 제시한다.

핵심 키워드

K팝, 스트릿 댄스, 스트릿 댄스 발전 방향

출처 | 한국콘텐츠진흥원

탐구주제

탐구주제1	K팝 스트릿 댄스 종사자 및 유형 탐구
탐구주제2	국내 K팝 스트릿 댄스 시장 조사 분석 결과에 대한 고찰
탐구주제3	K팝 스트릿 댄스 문제점 분석 결과 및 발전 방안 탐구

관련계열 및 학과

예체능계열 공연예술학과, 무용학과, 무용예술전공, 실용음악학과, 실용무용전공, 스포츠무용학부, 사회체육학과, 생활체육학과

사회계열 문화콘텐츠학과, 미디어커뮤니케이션학과

04

기술환경 변화에 따른 문화예술 콘텐츠 구성 적응 전략 소고

자료소개

이 자료는 '디지털 전환'이라는 사회적 환경변화에 따른 박물관·미술관 및 문화예술 이벤트의 콘텐츠 구성과 전략 수립에 고려해야 하는 내용들을 연구했다.

연구 내용은 문화예술 콘텐츠 구성 환경 변화, 문화예술기관의 온라인 콘텐츠 개발 역량 및 활용 능력 강화, 예술과 기술의 상호 전환 및 융합적 상상력에 대해 살펴보고 있다.

또한, 급변하는 기술환경 변화에서 디지털 문화 인프라의 확충이 중요하므로 문화예술은 고도의 과학적 기술과 융합적 협업을 통해 새로운 창조 지점을 만들어 나가야 한다고 제언한다.

핵심 키워드

디지털 전환, 문화예술 이벤트, 문화예술 콘텐츠, 융합적 상상력

출처 | 한국문화관광연구원

탐구주제

탐구주제1	디지털시대의 문화예술 콘텐츠 플랫폼에 관한 연구
탐구주제2	인공지능 발전에 따른 문화예술 콘텐츠의 미래 시나리오
탐구주제3	메타버스를 활용한 문화예술 콘텐츠 사례연구

관련계열 및 학과

예체능계열
게임콘텐츠학과, 공연예술학과, 공연예술콘텐츠학과, 디자인학부(디지털콘텐츠디자인학전공), 디지털콘텐츠학과, 문화콘텐츠학과, 무대기술전공(공연기획 및 운영), 미디어영상공연학과, 문예창작학과, 음악공연기획과, AI콘텐츠디자인학과, K-컬쳐공연 · 기획학과

인문계열
국어국문 · 창작학과, 국어국문 · 문예창작학부, 디지털콘텐츠창작학과, 미디어문예창작학과, 실용콘텐츠창작학과, 웹문예학과

05

남한산성 역사문화관 운영 및 콘텐츠 개발 방향 연구

자료소개

이 자료는 남한산성 역사문화관의 효율적 운영 및 남한산성의 역사문화 브랜드 가치 창출 방안을 연구했으며, 다루고 있는 연구 내용은 크게 다음과 같다.

❶ 남한산성 일반 현황 및 남한산성 역사문화관 건립 여건 분석
❷ 사례분석
　✓ 성곽유산의 지역 연계 활용 사례
　✓ 유적 박물관과 주변 지역의 연계 활용 사례
　✓ 박물관 전시 및 교육 콘텐츠 사례
❸ 박물관 조직 및 인력 운영 특성 분석
❹ 박물관 운영 및 활성화 방안

연구 결과, 세계유산 남한산성의 가치 보존과 성곽유산 특성화를 위해 남한산성 내 역사문화유산을 연계한 교육·체험·전시콘텐츠의 개발 및 활용을 제언한다.

핵심키워드
🔍 남한산성, 세계유산, 역사문화유산

출처 | **경기연구원**

탐구주제

탐구주제1 남한산성의 역사적 가치와 활용 방안에 관한 연구

탐구주제2 박물관 전시 디자인 연출 유형 및 연출 기법에 관한 연구

탐구주제3 VR 기술을 활용한 전시공간의 실감 콘텐츠 개발 연구

관련계열 및 학과

예체능계열 게임콘텐츠학과, 공연예술학과, 공연예술콘텐츠학과, 디자인학부(디지털콘텐츠디자인학전공), 디지털콘텐츠학과, 문화콘텐츠학과, 무대기술전공(공연기획 및 운영), 미디어영상공연학과, 문예창작학과, 음악공연기획과, AI콘텐츠디자인학과, K–컬처공연·기획학과

인문계열 디지털콘텐츠창작학과, 미디어문예창작학과, 실용콘텐츠창작학과, 역사콘텐츠학과, 역사·문화콘텐츠학과, 역사·문화학과, 역사문화학부(사학전공), 웹문예학과

06

대중문화콘텐츠가 국가브랜드 증진에 미친 영향 연구

자료소개

대중문화콘텐츠가 국가브랜드
증진에 미친 영향 연구

A Study on the Influence of Popular Culture
Contents on the Promotion of a National Brand

이 자료는 대중문화콘텐츠가 국가브랜드 증진에 미친 영향을 다양한 관점에서 파악하고 그 가치를 증명함으로써, 대중문화콘텐츠를 활용한 국가브랜드 제고 전략과 정책 방안에 대해 연구했다.

연구 내용은 국가브랜드의 개념 및 역할, 국가브랜드 정책, 대중문화가 대한민국 국가브랜드에 미친 영향, 대중문화콘텐츠를 활용한 국가브랜딩 제고 전략 등으로 이루어져 있다.

연구 결과, 국가브랜드 제고를 위해서는 대중문화콘텐츠의 가치를 효율적으로 활용하기 위한 전략과, 이를 뒷받침하는 세부 정책 방안이 필요함을 제언한다.

핵심 키워드

대중문화콘텐츠, 한류, 국가브랜드

출처 | 한국문화관광연구원

탐구주제

탐구주제1	한류 심층 분석 보고 – 최근 글로벌 한류 트렌드
탐구주제2	기업 수준에서의 국가브랜드 가치 상승 고찰에 대한 연구
탐구주제3	문화관광콘텐츠로서 태권도 산업의 활성화 방안

관련계열 및 학과

예체능계열 게임콘텐츠학과, 공연예술학과, 공연예술콘텐츠학과, 디자인학부(디지털콘텐츠디자인학전공), 디지털콘텐츠학과, 문화콘텐츠학과, 무대기술전공(공연기획 및 운영), 미디어영상공연학과, 문예창작학과, 음악공연기획과, AI콘텐츠디자인학과, K–컬쳐공연 · 기획학과

인문계열 국어국문 · 창작학과, 국어국문 · 문예창작학부, 디지털콘텐츠창작학과, 미디어문예창작학과, 실용콘텐츠창작학과, 웹문예학과

07 도핑방지규정위반 사례집

자료소개

도핑(Doping)이란, 운동선수가 경기력을 높이기 위해 일시적으로 신체적·정신적 능력을 강화하는 약물을 먹거나 주사하는 행위이다. 이는 정정당당해야 하는 스포츠 정신을 위배하는 행위로, 국내외 모든 스포츠 대회에서 금지되고 있다.

이 자료는 스포츠 경기에서 금지하고 있는 도핑방지규정 및 적용 대상, 처리 절차, 제재 종류 및 기준, 국내 및 국외 스포츠 도핑방지규정위반사례 등을 담고 있다.

핵심키워드

도핑, 스포츠 정신, 도핑방지규정

출처 | 한국도핑방지위원회

탐구주제

탐구주제1	도핑방지규정위반에 따른 제재 기준 탐구
탐구주제2	국내 도핑방지규정 위반 사례에 대한 탐구
탐구주제3	국외 도핑방지규정 위반 사례에 대한 탐구

관련계열 및 학과

예체능계열	스포츠의학과, 스포츠과학과, 스포츠건강관리학과, 스포츠건강과학과, 스포츠교육학과, 사회체육학과, 체육학과
사회계열	법학과, 행정학과
의약계열	의예과, 임상병리학과

163

08

동계스포츠의 산업 현황과 경제적 파급효과 분석

자료소개

우리나라 스포츠는 1988년 서울올림픽을 시작으로 2002년 월드컵, 2014년 아시안게임, 2018년 평창올림픽 등 국제경기를 개최하며 빠른 성장을 이루어냈다.

이 자료는 우리나라 동계스포츠 산업 현황을 살펴보고, 해외 동계스포츠 산업 현황을 통해 동계스포츠 강국의 산업 발전 요인과 산업 사례를 분석했다. 또한 동계 생활스포츠 참여의 경제적 파급효과, 국내 동계스포츠 이용자 수와 시설 현황 정보도 제시하고 있다.

핵심키워드

동계스포츠, 동계스포츠 산업 현황, 동계스포츠 경제효과

출처 | 한국스포츠정책과학원

탐구주제

탐구주제1	우리나라 동계스포츠 산업 현황에 대한 탐구
탐구주제2	해외 동계스포츠 산업 현황과 동계스포츠 강국 사례 분석
탐구주제3	동계 생활스포츠가 국민 경제에 미치는 파급효과

관련계열 및 학과

예체능계열 국제스포츠학부, 사회체육학과, 산업스포츠학과, 스포츠마케팅학과, 스포츠문화학과, 스포츠산업학과, 스포츠학과, 체육학과

사회계열 국제통상학과(부), 국제학과, 공공정책학과, 정치국제학과, 행정학과

교육계열 사회교육과, 일반사회교육과, 체육교육과

09

디지털 전환에 따른 도시 생활과 공간 변화

자료소개

이 자료는 '디지털 전환'이라는 거대한 사회적 변화 가운데 디지털 전환이 어떻게 도시공간을 바꾸고 시민의 생활을 변화시키고 있는지 살펴봄으로써 미래 대도시 서울의 공간적 변화를 예측한다. 연구 내용은 다음과 같다.

❶ 산업발전과 도시 공간구조 변화에 대한 이론적 논의
❷ 디지털 전환에 따른 경제·사회 변화
❸ 디지털 전환에 따른 도시 생활의 변화
❹ 디지털 전환에 따른 도시공간의 변화 및 예측

연구 결과, 디지털 전환기 속 급변하는 시민 수요와 시장의 움직임을 빠르게 반영하는 유연한 도시 공간 계획 정책이 필요하다고 제언한다.

핵심키워드

디지털 전환기, 플랫폼화, 도시 공간 계획 정책

출처 | 서울연구원

탐구주제

탐구주제1 디지털 전환의 개념과 디지털 전환 R&D의 범위

탐구주제2 디지털 전환에 따른 혁신생태계 변화 전망

탐구주제3 공공부문 디지털 트랜스포메이션 전략에 관한 연구

관련계열 및 학과

예체능계열 디자인공학과, 디자인비즈니스학과, 시각디자인학과, 시각디자인과, 융합디자인학과

인문계열 디자인·예술경영학부, 멀티디자인학과

사회계열 서비스디자인학과

자연계열 공간디자인학과, 미디어디자인학과, 뷰티디자인학과, 소비자학과, 생태조경디자인학과

10 디지털 전환에 따른 산업안전디자인의 이해

자료소개

이 자료는 디지털 전환에 대응하는 산업안전디자인의 활용 및 변화를 알아보고, 산업안전서비스디자인과 작업자 중심의 사용자경험(UX)디자인에 주목하여 진행한 연구이다.

연구 내용은 산업 현장에서의 안전디자인 활용 사례, 디지털 전환에 따른 산업안전디자인 이슈, 디지털 전환에 대응하는 산업안전디자인 솔루션 등을 다루고 있다.

연구 결과, 그동안의 산업안전디자인은 기존 작업환경 및 안전사인 등을 위한 서비스디자인이 중심이었으나, 앞으로는 스마트 산업안전 기반의 사용자경험(UX)디자인 역량이 요구될 것임을 제언한다.

핵심 키워드
디지털 전환, 산업안전디자인, 사용자경험(UX)디자인

출처 | 한국디자인진흥원

탐구주제

탐구주제1	재난경보를 위한 모션 픽토그램 제안
탐구주제2	인천광역시 표준디자인 결과보고서
탐구주제3	디자이너를 위한 그래픽 심볼 제작 가이드

관련계열 및 학과

예체능계열 게임콘텐츠학과, 공연예술콘텐츠학과, 디자인학부(디지털콘텐츠디자인학전공), 디자인공학과, 디자인비즈니스학과, 디지털콘텐츠학과, 문화콘텐츠학과, 시각디자인학과, 시각디자인과, 융합디자인학과, AI콘텐츠디자인학과

인문계열 공공안전학부, 사회안전학과

공학계열 보건안전공학과, 사회안전시스템공학부, 안전공학과, 안전융합공학과

2022 디지털 헬스케어 기업 및 제품 디렉토리북

자료소개

이 자료는 해외바이어를 대상으로 한국의 디지털 헬스케어 기술 및 제품 홍보를 위해 제작한 디렉토리북이다. 디지털 헬스케어 제품을 품목별, 테마별로 분류하여 정보(광고)를 시각적으로 구조화함으로써 알기 쉽게 설명하고 있다.

시각디자인과 융합디자인에 관심 있는 학생은 디렉토리북의 타이포그래피, 레이아웃 편집, 정보그래픽, 일러스트레이션, 이미지 제작, 색채의 적용을 살펴봄으로써 감성적이고 논리적인 시각 정보와 커뮤니케이션 디자인에 관한 이해를 높일 수 있다.

핵심키워드

디지털 헬스케어, 디렉토리북, 시각디자인, 융합디자인, 커뮤니케이션 디자인

출처 | 한국보건산업진흥원

탐구주제

탐구주제1	디자인주도 제조혁신 사례집
탐구주제2	문자와 이미지의 형태적 교차가 가능한 가변형 폰트 디자인
탐구주제3	디지털 전환 시대에서 디자인의 역할 및 전략 수립 연구

관련계열 및 학과

예체능계열	디자인공학과, 디자인비즈니스학과, 시각디자인학과, 시각디자인과, 융합디자인학과
인문계열	디자인 · 예술경영학부, 멀티디자인학과
사회계열	서비스디자인학과
자연계열	공간디자인학과, 미디어디자인학과, 뷰티디자인학과, 소비자학과, 생태조경디자인학과

12 레저스포츠산업 육성지원 방안연구

자료소개

우리나라 국민들은 국민소득 및 여가시간 증가에 따라 다양한 종목의 레저스포츠에 참여하고 있으며, 새로운 종목들이 지속적으로 등장하고 발전하고 있다. 이처럼 국민들의 레저스포츠 참여가 증가하면서 레저스포츠산업도 빠른 속도로 성장하고 있다.

이 자료는 레저스포츠의 확산을 위해 국내외 레저스포츠 동향을 분석하여 국민들의 레저스포츠 참여 및 수요 확대 방안을 수립하고, 레저스포츠 시장창출 방안, 규제 완화 및 인프라 조성 방안 등을 제시하고 있다.

핵심 키워드

레저스포츠, 레저스포츠 산업, 레저스포츠 동향

출처 | 국민체육진흥공단 한국스포츠정책과학원

탐구주제

탐구주제1	레저스포츠의 개념 및 범위에 대한 탐구
탐구주제2	해외 레저스포츠산업 현황에 대한 탐구
탐구주제3	레저스포츠 시장 활성화 및 시장 확대 방안

관련계열 및 학과

예체능계열	레저스포츠학과, 레저스포츠지도학과, 스포츠레저산업학과, 스포츠산업레저학과, 스포츠레저학과, 사회체육학과, 생활체육학과, 체육학과
사회계열	경제학과, 경영학과, 행정학과
교육계열	체육교육과

13

메타버스 시대의 패션 비즈니스 동향

자료소개

메타버스는 가상 캐릭터와 콘텐츠가 만날 수 있는 3D 기반의 가상세계로, 탈물질화되어 물리적 거리를 초월하는 모든 물체와 공간을 뜻한다. 다시 말하면, 현실의 나를 대리하는 가상 캐릭터를 통해 일상생활과 경제생활을 영위하는 3D 기반의 가상세계이다.

이 자료는 새로운 경제활동의 흐름으로 자리잡고 있는 메타버스 시장을 살펴보고, 메타버스와 실감기술, 메타버스와 NFT, 메타버스와 패션 비즈니스의 관계를 소개한다.

핵심키워드 메타버스, 메타버스 실감기술, 메타버스와 패션 비즈니스

출처 | 산업통상자원부, 한국패션산업협회

탐구주제

탐구주제1 메타버스의 개념과 주요 기술 요소에 대한 탐구

탐구주제2 메타버스와 비즈니스 생태계 및 대표 플랫폼에 대한 탐구

탐구주제3 패션 비즈니스에 활용되고 있는 메타버스 기술 탐구

관련계열 및 학과

예체능계열 아트앤패션디자인학과, 의류패션학과, 패션의류학과, 패션디자인학과, 패션산업학과, 패션디자인산업학과, 패션라이프스타일학과, 패션마케팅학과

사회계열 경제학과, 무역학과, 소비자학과

공학계열 소프트웨어학과, 소프트웨어공학과, 정보통신공학과, 컴퓨터공학과

14

메타버스와 함께 가는 문화예술교육 연구

메타버스는 세계 사회·경제·문화 전 영역에서 새로운 디지털 네트워크로 발전하며, 다양한 방식의 문화 향유와 새로운 산업 분야의 발전을 촉진하고 있다.

이 자료는 메타버스가 상상력, 창의성과 같이 문화예술 영역과 깊은 관련이 있음을 밝히고 있다. 예술과 교육 각 영역에서 메타버스의 정책과 연구 사례 등을 제시했으며, 메타버스 문화예술교육 정책 수립에 대한 제언을 담고 있다.

핵심키워드
메타버스, 메타버스 정책, 메타버스 문화예술교육

출처 | 경기문화재단, 바라예술성장연구소

탐구주제

탐구주제1 메타버스 정의와 메타버스 생태계 구성 요소 탐구
탐구주제2 메타버스 예술 관련 콘텐츠 및 활용 사례에 대한 탐구
탐구주제3 메타버스 문화예술교육의 현재와 미래에 대한 고찰

관련계열 및 학과

예체능계열 미술학과, 산업디자인학과, 사진학과, 음악학과, 작곡과, 조소과
사회계열 문화콘텐츠학과, 미디어영상학과, 미디어커뮤니케이션학과, 미디어콘텐츠학과
공학계열 멀티미디어공학과, 스마트미디어학과, 소프트웨어학과, 소프트웨어공학과, 정보통신공학과, 컴퓨터공학과
교육계열 교육공학과

15 스마트미술관 방향성 연구

출처 | 한국문화관광연구원

자료소개

이 자료는 4차 산업혁명 시대 속 급속한 디지털 환경 변화에 발맞춰 미술관 운영의 효율성을 강화하는 방안과 미래형 미술관으로서의 방향성을 모색하는 데 목적을 둔다.

연구 내용은 스마트미술관 논의 분석, 미술관의 스마트화 추진 현황, 스마트미술관 방향성 제안에 대해 다루고 있다.

연구 결과, 디지털 전환에 맞추어 스마트미술관으로의 경영 체제의 전환이 선행되어야 함을 강조한다. 디지털 트윈 체제로의 스마트미술관 추진이 필요하며, 시각예술에서 새로운 디지털 변화에 대한 미술관 역할을 수행해야 한다고 제언한다.

핵심키워드

디지털 환경, 디지털 트윈, 스마트미술관

탐구주제

탐구주제1 스마트 융합 환경에서의 박물관·미술관 기능 개선의 방향 연구

탐구주제2 디지털 전환에 따른 메타버스 디자인의 확장성

탐구주제3 메타버스와 디지털 트윈 기반의 서비스 디자인 기술 동향

관련계열 및 학과

예체능계열 게임콘텐츠학과, 공연예술학과, 공연예술콘텐츠학과, 디자인학부(디지털콘텐츠디자인학전공), 디지털콘텐츠학과, 무대기술전공(공연기획 및 운영), 문예창작학과, 문화콘텐츠학과, 미디어영상공연학과, 음악공연기획과, AI콘텐츠디자인학과, K-컬쳐공연·기획학과

인문계열 디지털콘텐츠창작학과, 미디어문예창작학과, 실용콘텐츠창작학과, 역사·문화콘텐츠학과, 역사·문화학과, 역사문화학부(사학전공), 역사콘텐츠학과, 웹문예학과

16 스포츠진흥기본계획 수립을 위한 기초연구

● 자료소개

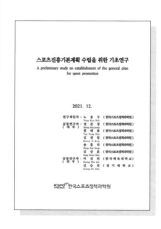

스포츠진흥기본계획 수립을 위한 기초연구
A preliminary study on establishment of the general plan for sport promotion

2021. 12.

연구책임자 : 노 용 구 (한국스포츠정책과학원)
공동연구자 : 성 문 정 (한국스포츠정책과학원)
한 태 용 (한국스포츠정책과학원)
김 권 일 (한국스포츠정책과학원)
권 오 석 (한국스포츠정책과학원)
성 창 훈 (한국스포츠정책과학원)
김 상 호 (한국스포츠정책과학원)
공동연구자 : 이 정 민 (한국체육대학교)
(협 력) 김 승 철 (경 기 대 학 교)

한국스포츠정책과학원

미래 스포츠 현장에는 상상하기 어려운 변화가 일어날 것으로 예상된다. 이때, 국제경쟁력을 유지하기 위해서는 치열한 경쟁 속에서 스포츠 분야의 사회적·정치적 제도를 개선해야 한다.

이 자료는 국내외 스포츠정책의 추진 성과와 문제점을 분석하여 향후 스포츠진흥기본계획의 기획 및 수립에 필요한 자료를 확보하는 데 목적이 있다.

해외 주요국의 스포츠정책기본계획을 분석하고, 스포츠진흥기본계획의 방향성과 정책적 시사점을 제언한다.

핵심키워드
🔍 스포츠정책, 스포츠진흥기본계획

출처 | 한국스포츠정책과학원

탐구주제

탐구주제1	해외 스포츠정책 사례분석을 통한 시사점 제시
탐구주제2	스포츠진흥기본계획 정책과제 도출을 위한 설문조사 분석 결과
탐구주제3	스포츠진흥기본계획을 위한 세부정책 영역별 수립 방향에 대한 고찰

관련계열 및 학과

예체능계열	국제스포츠학부, 레저스포츠학과, 사회체육학과, 산업스포츠학과, 생활체육학과, 스포츠과학과, 스포츠마케팅학과, 스포츠문화학과, 스포츠산업학과, 스포츠학과, 체육학과
사회계열	공공정책학과, 법학과, 정책학과, 행정학과
교육계열	사회교육과, 일반사회교육과, 체육교육과

17 스포츠인권 가이드라인

자료소개

스포츠 분야에서 일어나는 폭력은 선수 개인에게는 신체적·정신적 고통을 일으키고, 운동부 구성원의 사기와 팀워크를 해치며, 스포츠 공동체에 대한 부정적 인식을 키워 궁극적으로 스포츠의 발전을 가로막는다.

이 자료는 스포츠 교육과 훈련 과정에서 발생하는 인권침해를 예방하기 위하여 어떤 장치와 노력이 필요하며, 또 인권침해 문제가 발생했을 때 어떻게 대처해야 하는지에 대한 내용을 담고 있다.

핵심키워드
스포츠인권, 스포츠 폭력, 스포츠 성폭력, 학생선수 학습권

출처 | 국가인권위원회

탐구주제

탐구주제1 스포츠 분야의 폭력과 예방법에 대한 고찰

탐구주제2 스포츠 분야의 성폭력과 예방법에 대한 탐구

탐구주제3 학생선수 학습권 개념 및 학습권 보호에 대한 탐구

관련계열 및 학과

예체능계열 사회체육학과, 생활체육학과, 스포츠경영학과, 스포츠과학과, 스포츠지도학과, 스포츠학과, 유도학과, 체육학과

사회계열 경찰행정학과, 법학과, 사회복지학과, 정치외교학과, 행정학과

교육계열 교육학과, 윤리교육과, 체육교육과, 초등교육과

시각예술 분야 디지털 콘텐츠 생산 및 유통 구조 변화 전망과 과제

자료소개

시각예술 분야 디지털 콘텐츠 생산 및 유통 구조 변화 전망과 과제

2022·01 정책연구

A Study on the Current Status of Digital Media Art and Future Strategy of Visual Arts Policy in Korea

이 자료는 디지털 기술을 통해 변화하는 시각예술의 창작·유통·매개 활동을 살펴봄으로써 디지털 시대의 시각예술 콘텐츠를 이해하고, 정책적 관점의 실천 과제를 제시했다.

연구 내용은 시각예술 분야의 디지털 콘텐츠 개념과 범위, 시각예술 분야의 디지털 콘텐츠 유형별 분석, 디지털 콘텐츠 과제 도출에 대해 다루고 있다.

연구 결과, 시각예술 분야의 디지털 변화에서 가장 중요한 과제는 미술 분야 디지털 아카이브 체계화, 미디어아트 보존 매뉴얼 연구를 통한 제작·지원임을 제언한다.

핵심키워드

시각예술, 디지털 콘텐츠, 디지털 아카이브, 미디어아트

출처 | 한국문화관광연구원

탐구주제

탐구주제1 콘텐츠 산업 팬덤 기반 지형 변화와 대응 방향 연구

탐구주제2 인공지능을 활용한 AI 예술창작도구 사례연구

탐구주제3 코로나 19가 문화 · 관광 · 콘텐츠 분야에 미친 영향과 변화

관련계열 및 학과

예체능계열 게임콘텐츠학과, 공연예술콘텐츠학과, 디자인학부(디지털콘텐츠디자인학전공), 디자인공학과, 디자인비즈니스학과, 디지털콘텐츠학과, 문화콘텐츠학과, 시각디자인학과, 시각디자인과, 융합디자인학과, AI콘텐츠디자인학과

인문계열 국어국문 · 창작학과, 국어국문 · 문예창작학부, 디지털콘텐츠창작학과, 미디어문예창작학과, 실용콘텐츠창작학과, 웹문예학과

19 어린이 통학공간 디자인 가이드라인

자료소개

이 자료는 안전취약계층인 어린이의 안전한 통학환경 구축을 위한 통학로 디자인 가이드라인 및 활용 방안에 대해 연구했다.

본 연구는 어린이의 특성/교통사고 통계/통학공간의 특징 등 디자인 가이드라인을 사용하기 전에 필요한 기본 개념들의 이해에 도움을 주며, 어린이 관련 현황에 대한 이해를 바탕으로 디자인 가이드라인에 적용할 6가지 기본원칙을 검토한다. 어린이 통학환경을 고려하여 크게 도시형과 농어촌형으로 구분하고, 그에 따른 공간별 가이드라인 적용에 대해 다루고 있다. 미술계열전공을 희망하는 학생이라면 안전한 스쿨존 디자인을 눈여겨볼 만하다.

핵심키워드

통학환경, 안전 통학로, 스쿨존 디자인, 공공디자인, 디자인 가이드라인

출처 | 문화체육관광부, 한국공예·디자인문화진흥원

탐구주제

탐구주제1	지속가능한 미래를 위한 공공디자인
탐구주제2	생활안전 및 생활편의를 더하는 공공디자인 사업 성과 및 결과자료집
탐구주제3	경기도 공공디자인 진흥계획

관련계열 및 학과

예체능계열 디자인공학과, 디자인비즈니스학과, 시각디자인학과, 시각디자인과, 융합디자인학과

인문계열 디자인·예술경영학부, 멀티디자인학과

사회계열 서비스디자인학과

자연계열 공간디자인학과, 미디어디자인학과, 생태조경디자인학과, 소비자학과

20 웹툰 산업 불공정 계약 실태조사

· 자료소개 ·

웹툰 산업
불공정 계약 실태조사

20
22

이 자료는 국내 웹툰 산업 플랫폼, 제작사, 작가 간 불공정 계약 실태를 조명한다. 연구 내용은 웹툰 산업에 관한 기존 문헌연구, 웹툰 산업 불공정 계약 실태조사 결과, 웹툰 산업 내 불공정 계약/행위 경험 사례를 다루고 있다.

연구 결과, 불공정한 계약환경을 개선하려면 현장에서 이루어지는 계약 실태를 정확히 파악하고, 구체적인 계약 조건과 업계 실정을 반영하여 완성된 형태의 표준계약서를 활용해야 함을 강조한다. 또한 추가보상청구권 제도(일명 '구름빵 보호법')를 도입해 영상물 저작자의 권리를 보호해야 한다고 제안한다.

핵심키워드

웹툰작가, 웹툰산업, 불공정 계약, 저작재산권, 표준계약서, 추가보상청구권 제도

출처 | 한국콘텐츠진흥원

탐구주제

탐구주제1 2022년 웹툰 작가 실태조사

탐구주제2 웹툰 작가의 저작권 보호를 위한 사례분석 연구

탐구주제3 만화 · 웹툰 산업 저작재산권 양도계약의 제도개선 과제

관련계열 및 학과

예체능계열 웹툰 · 애니메이션학과, 웹툰만화콘텐츠학과, 웹툰영상학과, 웹툰콘텐츠학과, 아트앤웹툰학부(게임애니메이션전공), 아트앤웹툰학부(산업디자인전공), 애니웹툰학부, 영화웹툰애니메이션학과

인문계열 행정학과

사회계열 경영 · 회계학부, 경영 · 미디어계열

21 장애인체육 발전 중장기계획

자료소개

제4차(2023-2027)
장애인체육 발전 중장기계획
연구용역 결과보고서 요약본

장애인체육 발전 중장기계획은 장애인체육환경 변화를 예측하고, 능동적인 대응을 위한 장애인체육정책의 비전과 목표 및 추진전략을 수립하여 모두가 함께 참여하고 즐기는 장애인체육문화를 구현하는 것에 초점을 맞춰야 한다.

이 자료는 우리나라 장애인들의 환경 현황 및 체육정책 현황, 해외 사례 및 주요 법률검토 요약, 장애인체육정책 성과 및 제3차 중장기계획 평가 등에 대한 내용을 수록하고 있다.

핵심키워드

🔍 장애인체육, 장애인체육정책, 장애인체육문화, 장애인체육 발전 중장기계획

출처 | 대한장애인체육회, 한국스포츠정책과학원

탐구주제

탐구주제1 우리나라 장애인체육환경 분석 및 역대 정부의 체육정책 현황 비교

탐구주제2 우리나라 장애인체육정책 부문별 추진계획에 대한 탐구

탐구주제3 우리나라 장애인체육정책 성과에 대한 고찰과 시사점

관련계열 및 학과

예체능계열 건강재활서비스학과, 스포츠재활의학과, 스포츠재활학과, 실버재활학과, 운동재활학과, 운동처방학과, 운동처방재활학과, 특수체육과, 특수체육학전공

사회계열 사회복지학과, 재활복지학과, 재활상담학과, 재활심리학과, 행정학과

교육계열 사회교육과, 유아특수교육과, 중등특수교육과, 초등특수교육과, 특수체육교육학과

22 재난유형별 표준 안전디자인 개발 (I)

이 자료는 재난 발생 상황과 생활안전에서 안전취약계층을 고려하여 정보를 효과적으로 전달하고 피해를 저감하고자 시인지성이 높은 재난유형별 심볼디자인을 개발하여 소개하고 있다. 또한 현장에서 안전디자인을 효과적으로 활용할 수 있도록 가이드라인을 제시했다.

연구 내용으로는 그래픽 심볼 개발 방향성 수립, 재난유형 그래픽 심볼 개발, 재난유형별 표준 안전디자인 개발의 의의, 향후 재난유형별 표준 안전디자인 개발 추진 과제에 대해 다루고 있다.

핵심키워드

재난유형, 안전취약계층, 시인지성, 안전디자인, 심볼디자인

출처 | 국립재난안전연구원

탐구주제

탐구주제1 안전취약계층의 시인지 특성을 고려한 안전디자인 평가체계 개발

탐구주제2 안전취약계층의 효과적인 재난 대응을 위한 안전디자인 프로토타입 개발

탐구주제3 지적장애 성인의 픽토그램 이해 및 표현 능력에 대한 연구

관련계열 및 학과

예체능계열 게임콘텐츠학과, 공연예술콘텐츠학과, 디자인학부(디지털콘텐츠디자인학전공), 디자인공학과, 디자인비즈니스학과, 디지털콘텐츠학과, 문화콘텐츠학과, 시각디자인학과, 시각디자인과, 융합디자인학과, AI콘텐츠디자인학과

인문계열 공공안전학부, 사회안전학과

공학계열 보건안전공학과, 사회안전시스템공학부, 안전공학과, 안전융합공학과

23

2022 차세대 디지털 환경에서의 저작권 산업 이슈

자료소개

이 자료는 저작권 산업과 관련된 주요 디지털 기술의 이해와 저작권 산업 정책 및 경제 동향에 대해 연구했다.

연구 내용은 인공지능 기술과 인공지능 학습용 데이터셋(Data-set), 블록체인과 스마트 계약, 메타버스, NFT 등 차세대 디지털 기술과 관련된 저작권 산업의 변화에 대해 살펴보고 있다.

연구 결과, 디지털 기술의 발전에 따라 변화할 미래 환경에 선제적으로 대응하려면 신기술 관련 저작권법·제도를 개선하고, 산업 지원 방안을 적극 마련해야 한다고 제언한다.

핵심키워드

차세대 디지털 기술, 저작권 산업, 미래 산업

출처 | 한국저작권위원회

탐구주제

탐구주제1	2022 저작권 보호 이슈 전망보고서
탐구주제2	디지털 시대에 따른 새로운 산업 환경에서의 저작권 보호
탐구주제3	디지털 경제 환경에서 화상디자인 보호의 한계와 해결 방안

관련계열 및 학과

예체능계열
게임디자인학과, 게임콘텐츠학과, 공연기획경영학과, 공연영상학과, 디지털콘텐츠학과, 만화·애니메이션학과, 문예창작전공, 문화예술경영학과, 예술창작학부, 예술문화영상학과, 예술학부 디지털콘텐츠전공, e스포츠산업학과, K-컬쳐매니지먼트전공

인문계열
행정학과

사회계열
경영·회계학부, 경영·미디어계열

코로나19가 방송·미디어산업에 미치는 영향 및 시사점

자료소개

코로나19는 국내외 경제 및 사회 분야에 큰 영향을 미쳤으며, 방송·미디어 산업에도 많은 변화를 가져왔다. 대표적 변화로는 온라인 미디어 이용 증가, 가정 내 미디어 소비 증가, OTT서비스 이용량 증가, 제작 투자와 재원 감소 및 취소 증가가 있다.

이 자료는 우리나라 국민들의 미디어 이용 패턴과 유료방송·OTT서비스, 지상파 방송과 유료방송 채널, 방송프로그램 제작 현황 등을 제시하고 있다.

핵심키워드

코로나19, 미디어, 방송·미디어 산업

출처 | 정보통신정책연구원

탐구주제

탐구주제1 우리나라 국민들의 미디어 이용 패턴에 관한 탐구

탐구주제2 코로나19가 유료방송 및 OTT서비스 분야에 미친 영향 탐구

탐구주제3 코로나19가 방송프로그램 제작에 미친 영향

관련계열 및 학과

예체능계열 공연방송연기학과, 공연예술음악과, 공연예술학과, 공연예술콘텐츠학과, 방송영화영상학과, 방송연예과, 영화방송학과

사회계열 디지털미디어학과, 디지털콘텐츠학과, 미디어영상학과, 미디어학과, 미디어커뮤니케이션학과, 방송영상학과, 신문방송학과, 언론영상학과

25

한국 OTT 플랫폼 사업자 및 영화 유통 현황

자료소개

최근 온라인 콘텐츠 소비문화의 확산으로 한국 OTT 시장이 급성장하면서 영화와 시리즈의 경계가 무너지고, 영화산업에서 OTT 플랫폼이 차지하는 중요도가 높아지고 있다. 이러한 시점에서 본 자료는 한국 OTT 플랫폼 사업자 및 영화 유통 현황에 대해 연구했다.

연구 내용은 한국 주요 OTT 플랫폼들의 사업 모델, 제공 콘텐츠, 서비스 방식에 대해 살펴본다. 그리고 OTT 플랫폼으로 인한 콘텐츠 유통의 특성과 OTT 플랫폼을 중심으로 한 온라인 영화 유통의 특성을 살펴본다.

연구 결과, OTT 플랫폼 산업에서 가장 중요한 것은 오리지널 콘텐츠의 질적 향상임을 제언한다.

핵심키워드

OTT 플랫폼, 콘텐츠 유통, 온라인 영화 유통, 오리지널 콘텐츠, 미디어정책

출처 | 영화진흥위원회

탐구주제

탐구주제1	K-OTT 경쟁력 확보 방안
탐구주제2	디지털미디어 생태계 발전 방안과 과제
탐구주제3	한국 OTT 플랫폼 현황 및 경쟁력 확보 방안

관련계열 및 학과

예체능계열
공연영화학부, 공연미디어학부, 공연예술콘텐츠학과, 글로벌예술학부(TV방송연예전공), 디지털콘텐츠학과, 문화콘텐츠학과, 방송영화영상학과, 영화과, 영화학과, 영화방송학과, 영화영상학과, 영화전공, 영화예술전공, 영화웹툰애니메이션학과, 연극영화과, 연극영화학전공(연출/제작/기획)

사회계열
미디어광고콘텐츠학과, 미디어문예창작학과, 미디어문화커뮤니케이션학과, 신문방송학과

VII

교육계열

01 1인 가구의 행복 분석

자료소개

이 자료는 혼자 사는 것이 더이상 특별하지 않은 미래 사회에서 1인 가구의 지속적 증가 추세에 대해 살펴보고, 1인 가구의 행복을 분석함으로써 1인 가구의 삶의 질을 높이기 위한 미래 전략을 제시한다.

본 연구는 1인 가구의 실태, 1인 가구의 행복 측정, 1인 가구의 행복 영향 요인을 분석했다.

연구 결과, 과거 가족이 수행했던 많은 기능들을 지역사회와 국가가 담당해야 하며, 지역·연령·소득별로 다양한 1인 가구의 특성을 반영하여 맞춤형 전략을 마련해야 함을 제언한다.

핵심키워드

1인 가구, 다인 가구, 행복 영향 요인, 삶의 질

출처 | 국회미래연구원

탐구주제

탐구주제1 서울시 청년 1인 가구의 주거환경이 삶의 만족도에 미치는 영향에 관한 연구

탐구주제2 1인 가구 증가에 대한 세계의 대응 분석

탐구주제3 1인 가구 특성과 소비패턴에 관한 연구

관련계열 및 학과

교육계열 가정교육과, 교육학과, 교육공학과, 교육심리학과, 사회교육과, 일반사회교육과, 윤리교육과, 청소년교육상담학과, 평생교육상담학과, 평생교육과

사회계열 경영학과, 경제학과, 공공인재학과, 공공행정학과, 문화콘텐츠학과, 미디어커뮤니케이션학과, 사회복지학과, 사회학과, 소비자학과, 아동가족복지학과, 행정학과

'[MZ 세대]' 교사의 특성 연구

자료소개

최근 'MZ 세대' 교사의 입직으로 교원 내 MZ 세대의 구성 비율이 증가하는 가운데 학교 조직은 그동안 겪어보지 못한 새로운 문화적 경험을 하고 있다.

이 자료는 학교 맥락에서 'MZ 세대' 교사의 특성을 심층적으로 파악하고, 이를 바탕으로 교직 사회에 실천적·정책적 시사점을 제언한다. 주요 연구 내용은 다음과 같다.

❶ 'MZ 세대'에 대한 이론적 배경
❷ 'MZ 세대' 교사에 대한 인식과 특성에 관한 설문 조사 및 면담 조사
❸ 'MZ 세대' 교사의 특성 요약
❹ 'MZ 세대' 교사의 특성이 교직 사회에 주는 실천적·정책적 시사점

핵심키워드

MZ 세대, 교사, 학교조직

출처 | 경기도교육연구원

탐구주제

탐구주제1 미래교육을 위한 중등교사 역할 수행 지원 방안

탐구주제2 포스트 코로나 시대에 요구되는 교사전문성과 교사상

탐구주제3 교권침해 실태 분석 및 교권 보호 방안 연구

관련계열 및 학과

교육계열 가정교육과, 교육학과, 교육공학과, 교육심리학과, 사회교육과, 일반사회교육과, 윤리교육과, 청소년교육상담학과, 평생교육상담학과, 평생교육과

사회계열 경영학과, 경제학과, 공공인재학과, 공공행정학과, 문화콘텐츠학과, 미디어커뮤니케이션학과, 사회복지학과, 사회학과, 소비자학과, 아동가족복지학과, 행정학과

03

SNS 빅데이터를 활용한
가족 변화 양상 분석

자료소개

이 자료는 소셜미디어 상에 다양하게 나타나는 가족 관련 데이터 변화를 분석하여 가족의 의미와 행태 변화 양상에 대해 파악한다. 그리고 변화한 내용과 적합한 가족 서비스의 발전 방향성을 모색한다.

본 연구는 SNS 빅데이터를 활용한 가족 변화 양상을 분석한 후 분석 결과를 요약하여 시사점을 제안한다.

연구 결과, 가족 형태와 관련 행태의 양상이 점점 세분화되고 있고, 각각의 양상별로 고충/관심사/의식주 등 전반적인 생활과 삶의 방식에 차이가 생겨나고 있는 것으로 나타났다.

핵심키워드

가족, 가족 변화, SNS 빅데이터, 가족 서비스

출처 | 한국건강가정진흥원

탐구주제

탐구주제1	가족위기 지원체계 구축 전략 연구
탐구주제2	가족생활 변화에 따른 가족서비스 수요조사 운영 방안 기초 요구
탐구주제3	빅데이터로 바라본 저출산의 사회적 인식 네트워크 분석

관련계열 및 학과

교육계열 가정교육과, 교육공학과, 교육심리학과, 사회교육과, 일반사회교육과, 윤리교육과, 청소년교육상담학과, 컴퓨터교육학과, 평생교육상담학과, 평생교육과

사회계열 경영학과, 경제학과, 공공인재학과, 공공행정학과, 문화콘텐츠학과, 미디어커뮤니케이션학과, 사회복지학과, 사회학과, 소비자학과, 아동가족복지학과, 행정학과

인문계열 빅데이터경영학과, 빅데이터응용학과, 빅데이터자산관리학과, AI빅데이터융합경영학과

04

글로벌 불평등 시대의
난민과 이민자

이 자료는 글로벌 차원에서 난민 관련 주요 사안과 논쟁을 살펴보고, 우리 사회의 난민과 이민자 수용 및 사회통합 방안에 대해 연구했다. 주요 연구 내용은 다음과 같다.

❶ 난민 위기의 특징과 글로벌 난민레짐의 변화

❷ 유럽의 우크라이나 난민교육과 한국 사회에의 시사점

❸ 난민 유입의 사회경제적 영향 및 정책과제

❹ 환경난민? 환경이주민? 환경실향민?

❺ 한국의 난민제도 현황과 개선 방안 탐구

❻ 함께 살아가야 할 존재로서 난민의 지역사회 통합 방안

핵심키워드

난민, 난민레짐, 이민자, 이주민, 다문화 수용

출처 | 한국개발연구원, 경제·인문사회연구회

탐구주제

 탐구주제1 외국인 주민의 지역사회 통합을 위한 정책 방안 설계

탐구주제2 청소년 다문화수용성의 중요성과 과제

탐구주제3 데니즌쉽Denizenship을 통한 체류 외국인의 사회통합 방안 연구

관련계열 및 학과

교육계열 가정교육과, 교육학과, 교육공학과, 교육심리학과, 사회교육과, 일반사회교육과, 윤리교육과, 청소년교육상담학과, 평생교육상담학과, 평생교육과

사회계열 경영학과, 경제학과, 공공인재학과, 공공행정학과, 문화콘텐츠학과, 미디어커뮤니케이션학과, 사회과학부, 사회복지학과, 사회학과, 사회복지·상담심리학부, 사회복지상담학과, 사회서비스상담학과, 소비자학과, 아동가족복지학과, 행정학과

05 농어촌 영유아 돌봄 시설 확대

자료소개

이 자료는 도시 및 농어촌의 영유아 돌봄 여건을 비교·분석한 후 농어촌 영유아 돌봄 서비스에 농어촌의 특성이 반영되고 있는지를 살펴보고 있다.

연구 내용은 농어촌 영유아 돌봄지원정책 현황, 농어촌 영유아 돌봄 실태와 분석틀, 농촌 보육 실태 및 요구, 정책 내용 분석 및 성과 평가를 포함한다.

연구 결과, 농어촌 지역 민간·가정어린이집의 국공립어린이집으로의 전환 확대 사업이 적극적으로 이뤄져야 하고, 소규모 어린이집의 생태친화 보육을 강화할 필요가 있다고 제언한다.

핵심키워드

농어촌 영유아 돌봄 서비스, 돌봄지원정책, 어린이집, 생태친화 보육

출처 | 농림축산식품부, 한국농촌경제연구원

탐구주제

탐구주제1	행복한 삶의 출발: 아이 낳고 키우기 좋은 농어촌 만들기
탐구주제2	인구감소 농촌 지역의 기초생활서비스 확충 방안
탐구주제3	영유아 인구 희소 농어촌 지역 보육·교육 서비스 통합 지원 방안

관련계열 및 학과

교육계열 가정교육과, 교육학과, 교육공학과, 교육심리학과, 사회교육과, 일반사회교육과, 윤리교육과, 청소년교육상담학과, 평생교육상담학과, 평생교육과

사회계열 공공인재학과, 공공행정학과, 문화콘텐츠학과, 미디어커뮤니케이션학과, 사회복지학과, 사회학과, 소비자학과, 아동가족복지학과, 행정학과

06 뉴노멀 시대 사회서비스 현황과 대응

● 자료소개 ●

뉴노멀시대 사회서비스 현황과 대응

이 자료는 뉴노멀 시대의 트렌드를 고려하여 대표적 사회서비스 영역인 사회복지서비스, 문화 분야 공공서비스, 평생교육서비스 영역을 중심으로 각 서비스 영역의 고유성과 특성을 고려한 혁신 방향에 대해 연구했다. 연구 내용으로 뉴노멀 트렌드와 사회서비스, 사회서비스 환경과 수요 변화, 코로나 팬데믹이 사회서비스 분야에 미친 영향, 코로나 팬데믹과 사회서비스의 변화를 다루고 있다.

연구 결과, 뉴노멀 시대의 사회서비스는 급속한 사회 변화에 발맞춰 진화하고 있기 때문에 개인의 발빠른 대응이 필요하다고 제언한다.

핵심키워드

뉴노멀 시대, 비대면, 사회서비스, 디지털뉴딜, 사회보장, 사회복지

출처 | 서울연구원

탐구주제

탐구주제1 뉴노멀과 미래 사회 변화

탐구주제2 뉴노멀 시대의 서비스산업 정책과제: 코로나19와 디지털 경제로의 전환 가속

탐구주제3 뉴노멀 시대 학생의 삶과 성장을 지원하기 위한 진로교육 발전 방향 탐색

관련계열 및 학과

교육계열 가정교육과, 교육학과, 교육공학과, 교육심리학과, 기술교육과, 사회교육과, 문헌정보교육과, 윤리교육과, 일반사회교육과, 청소년교육상담학과, 평생교육상담학과, 평생교육과

사회계열 경영학과, 경제학과, 공공인재학과, 공공행정학과, 문화콘텐츠학과, 미디어커뮤니케이션학과, 사회복지학과, 사회학과, 소비자학과, 아동가족복지학과, 행정학과

디지털 경제와 노동권

자료소개

이 자료는 시민권으로서 노동권의 개념을 고용/노사관계/사회복지/산업 안전을 포괄하는 광의의 개념을 적용하여, 기술변화에 따른 플랫폼 종사자의 국내외 노동권 현황과 과제에 대해 연구했다.

본 연구는 설문조사를 통해 국내 플랫폼 노동의 노동권 현황을 살펴본다. 미국/독일/스웨덴을 사례로 하여 해당 국가의 플랫폼 노동 실태부터 최근 노동권을 둘러싼 논의와 법제도 변화를 정리했으며, 플랫폼 노동 교육에 필요한 교육 경험, 교육 내용, 교육 방식 등을 조사했다.

핵심키워드

디지털 경제, 플랫폼 노동자, 노동권, 노동인권교육

출처 | 한국고용노동교육원

탐구주제

탐구주제1	장애학생 산업안전보건 및 노동인권 교육 자료 개발
탐구주제2	학교 노동인권교육 실태조사
탐구주제3	청소년 노동인권교육 실태조사 및 교육 활성화 방안 연구

관련계열 및 학과

교육계열
가정교육과, 교육학과, 교육공학과, 교육심리학과, 기술교육과, 사회교육과, 일반사회교육과, 윤리교육과, 청소년교육상담학과, 평생교육상담학과, 평생교육과

사회계열
경영학과, 경제학과, 공공인재학과, 공공행정학과, 문화콘텐츠학과, 미디어커뮤니케이션학과, 사회복지학과, 사회학과, 소비자학과, 아동가족복지학과, 행정학과

08 디지털 헬스 서비스의 활용 효과 연구

● 자료소개 ●

이 자료는 국내외 디지털 헬스 서비스의 활용 효과를 비교 검토하여 국내 디지털 헬스 서비스의 활용 효과를 높이는 방안에 대해 연구했다.

연구 내용은 디지털 헬스 서비스의 개요, 국외 디지털 헬스 서비스의 활용 효과, 국내 디지털 헬스 서비스의 활용 효과, 국내 디지털 헬스 서비스의 활용 사례를 다루고 있다.

연구 결과, 미래 디지털 헬스로 인한 보건의료 서비스의 변화를 예측하고, 이에 맞는 효과적인 도입 방안을 검토해야 한다고 제언한다.

핵심키워드

디지털 헬스 서비스, 보건의료 서비스, 인공지능

출처 | 한국보건산업진흥원

탐구주제

탐구주제1	디지털 헬스케어 산업 분석 및 전망
탐구주제2	디지털 헬스케어 의료정보의 발전 과제 연구
탐구주제3	디지털 헬스케어 기반 비대면 의료의 적용 방안과 가능성

관련계열 및 학과

교육계열	가정교육과, 교육학과, 교육공학과, 교육심리학과, 사회교육과, 일반사회교육과, 윤리교육과, 청소년교육상담학과, 평생교육상담학과, 평생교육과
사회계열	공공인재학과, 공공행정학과, 문화콘텐츠학과, 미디어커뮤니케이션학과, 사회복지학과, 사회학과, 소비자학과, 아동가족복지학과, 행정학과
자연계열	바이오헬스융합학과, 바이오헬스케어학과, 스마트헬스케어학과, 헬스케어복지학과

09

메타버스의 교육적 활용을 위한 가이드라인 연구

자료소개

이 자료는 교사가 효과적으로 메타버스를 활용한 수업을 운영하고 학습자에게 확장된 학습경험을 제공할 수 있도록 메타버스의 교육적 활용에 관한 종합적·체계적인 가이드라인을 연구했다.

주 연구 내용은 메타버스 기반 교수학습 유형 및 활용 사례, 메타버스의 교육적 활용을 위한 가이드라인이다. 교사가 수업 목표에 적합한 교수학습방법을 선택하고, 이에 따른 메타버스 플랫폼을 선정하여 활용하는 수업을 준비·운영·평가할 때, 가이드라인을 활용하면 효과적인 교수학습 운영에 도움이 된다.

핵심 키워드 메타버스, 교육적 활용, 가이드라인

출처 | 한국교육학술정보원

탐구주제

탐구주제1	메타버스 기반 교수학습모델 개발 연구
탐구주제2	메타버스Metaverse의 교육적 활용 방안 연구
탐구주제3	메타버스 기반 미래교육 학습환경 설계에 관한 연구

관련계열 및 학과

교육계열 가정교육과, 교육학과, 교육공학과, 교육심리학과, 사회교육과, 일반사회교육과, 윤리교육과, 청소년교육상담학과, 컴퓨터교육과, 평생교육상담학과, 평생교육과

사회계열 경영학과, 경제학과, 공공인재학과, 공공행정학과, 문화콘텐츠학과, 미디어커뮤니케이션학과, 사회복지학과, 사회학과, 소비자학과, 아동가족복지학과, 행정학과

공학계열 메타버스&게임학과, 컴퓨터공학과, 컴퓨터·소프트웨어공학과, 컴퓨터·인공지능공학부

무엇이 교사를 소진시키는가?
: 교육환경 변화를 중심으로

이 자료는 교육 현장에서 '교사 소진'이 심각한 문제로 부각되는 상황에서 교사 소진을 교사 한 개인의 문제로 바라보는 것이 아니라, 교사가 속해 있는 학교조직/교육정책 및 제도/사회 문화적 변화 등에 주목하여 어떤 요인들이 교사 소진을 유발하는지에 대해 연구했다.

본 연구에서는 초·중·고 교사 10인을 대상으로 심층 면담을 수행했다. 면담 결과, 교사 소진은 공교육의 시장 논리화, 교권 추락 및 교권침해, 교육정책의 변화, 팬데믹이 초래한 변화, 학교의 인적·문화적·구조적 변화 등으로 인해 유발되는 것으로 나타났다.

핵심 키워드

교사 소진, 교육환경 변화, 교권 추락, 교사 소진 예방 및 완화

출처 | 경기도교육연구원

탐구주제

탐구주제1 교권보호위원회의 기능 및 역할 재구조화 방안

탐구주제2 경기교육 교권 확립을 위한 교원들의 권리와 의무에 관한 연구

탐구주제3 특수학급이 설치된 일반학교 특수교사의 교권침해 경험과 개선방안

관련계열 및 학과

교육계열 가정교육과, 교육학과, 교육공학과, 교육심리학과, 사회교육과, 일반사회교육과, 윤리교육과, 청소년교육상담학과, 초등교육학과, 특수교육학과, 평생교육상담학과, 평생교육과, 환경교육학과

사회계열 공공인재학과, 공공행정학과, 문화콘텐츠학과, 미디어커뮤니케이션학과, 사회복지학과, 사회학과, 아동가족복지학과, 행정학과

11 생성형 AI 활용 길라잡이

자료소개

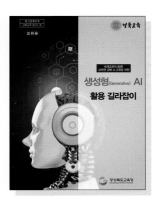

이 자료는 학교 현장에 ChatGPT를 포함한 생성형 AI 도입 시 혼란을 줄이고, 교사의 생성형 AI 활용에 대한 올바른 이해와 체계적 지원을 위해 제작되었다.

연구 내용은 질문을 더 잘하는 방법, 인공지능 윤리교육, 다양한 생성형 AI 프로그램 등 활용도를 높이는 방법을 포함한다.

특히 활용 단계를 준비/실행/성장/도약 4단계로 나누고, 기본지침과 초·중등학교 현장에서 즉시 활용 가능한 실제 사례를 포함하고 있다. 이는 생성형 AI를 활용한 학교업무 개선과 수업 혁신에 도움이 될 것이다.

핵심키워드
생성형 AI, ChatGPT, 학교업무 개선, 수업 혁신

출처 | 경상북도교육청

탐구주제

탐구주제1 인공지능교육 길라잡이

탐구주제2 ChatGPT의 등장과 법제도에 관한 이슈

탐구주제3 ChatGPT의 돌풍과 인공지능 반도체의 부상에 관한 연구

관련계열 및 학과

교육계열 가정교육과, 교육학과, 교육공학과, 교육심리학과, 사회교육과, 일반사회교육과, 윤리교육과, 청소년교육상담학과, 컴퓨터교육과, 평생교육상담학과, 평생교육과

사회계열 경영학과, 경제학과, 공공인재학과, 공공행정학과, 문화콘텐츠학과, 미디어커뮤니케이션학과, 사회복지학과, 사회학과, 아동가족복지학과, 행정학과

공학계열 컴퓨터·소프트웨어공학과, 컴퓨터·인공지능공학부, 컴퓨터공학과, 메타버스&게임학과

소비자 환경윤리 의식에 기초한 녹색제품 구매촉진 방안 연구

자료소개

이 자료는 민간부문 녹색제품 구매를 촉진하기 위해 녹색소비 현황과 문제점을 살펴보고, 녹색제품 구매 촉진을 위한 효과적인 전략에 대해 연구했다. 주 연구 내용은 다음과 같다.

❶ 환경윤리 개념 및 선행연구
❷ 녹색제품 현황 및 구매촉진제도
❸ 녹색제품 구매촉진의 문제점 및 개선 방향
❹ 소비자 환경윤리 기반 녹색제품 이용 현황 조사

연구 결과, 녹색제품 구매활동을 효과적으로 촉진하려면 환경윤리 고의식 집단과 저의식 집단의 속성 차이를 분석하고, 각 집단에 맞게 개입할 필요성이 있음을 제언한다.

핵심키워드

환경윤리, 친환경 행동, 녹색제품 구매촉진, 그린마케팅

출처 | 한국환경연구원

탐구주제

 탐구주제1 민간부문 녹색구매 활성화 방안

 탐구주제2 지속가능한 농업 구현을 위한 디지털 농업 기술 활용 방안 연구

 탐구주제3 식량작물 생산에 대한 스마트 디지털 농업 기술의 발전 방향

관련계열 및 학과

교육계열 가정교육과, 기술교육과, 농업교육과, 사회교육과, 일반사회교육과, 윤리교육과, 평생교육과, 환경교육과

자연계열 농업시스템학과, 농생물학과, 스마트팜공학과, 식량자원과학과, 식량생명공학과, 식물자원학과, 식품영양학과, 원예학과, 조경학과, 지구환경과학과, 환경학과

사회계열 농업경제학과, 디지털기술경영학과, 디지털헬스케어학과

13

스마트 미디어를 활용한 독서 생활화 방안 연구

자료소개

이 자료는 스마트 미디어와 독서 생활 관계에 대한 순기능 및 역기능을 파악하고, 스마트 미디어를 활용한 독서 활성화 프로그램에 대해 연구했다. 연구 내용은 스마트 미디어와 독서활동, 스마트 미디어 활용 사례 검토, 이용자 조사를 통해 본 스마트 미디어 활용 현황을 다루고 있다.

본 연구는 독서활동에 있어 스마트 미디어의 활용이 전반적으로 확대되고 있으므로 독서 활성화를 위한 스마트 미디어의 역할에 주목해야 한다고 강조한다. 또한 독서 활성화를 위한 적극적인 정책적 지원과 활용을 확대할 필요가 있음을 제언한다.

핵심 키워드

독서활동, 독서 생활화, 스마트 미디어

출처 | 한국출판문화산업진흥원

탐구주제

탐구주제1	스마트 미디어 시대와 독서교육
탐구주제2	미디어 시대의 책맹(비독서) 현상과 독서교육의 방향
탐구주제3	교육격차 해소를 위한 디지털 기술 적용 방안 연구

관련계열 및 학과

교육계열
가정교육과, 국어교육과, 교육학과, 교육공학과, 교육심리학과, 사회교육과, 일반사회교육과, 윤리교육과, 청소년교육상담학과, 평생교육상담학과, 평생교육과

사회계열
경영학과, 경제학과, 공공인재학과, 공공행정학과, 문화콘텐츠학과, 미디어커뮤니케이션학과, 사회복지학과, 사회학과, 소비자학과, 아동가족복지학과, 행정학과

14 실천 중심 세계시민교육 사례 탐색

자료소개

이 자료는 실천 중심 세계시민교육과 관련된 이론 및 사례를 탐색하고, 실천 중심 세계시민교육 실행 활성화를 위한 제반 사항에 대해 연구했다. 본 연구는 문헌조사를 통해 세계시민교육의 등장 배경, 세계시민교육의 목적, 주제 및 학교에서의 실행 등을 살펴본다. 그리고 문헌조사와 담당 교사 대상의 심층 면담 조사를 통해 실천 중심 세계시민교육 실천 사례를 탐색한다.

연구 결과, 사례 탐색 결과를 바탕으로 실천 중심 세계시민교육 실행 활성화를 위한 '학교자율과정'의 활용 및 운영 지원을 제언한다.

핵심키워드
세계시민교육, 학교자율과정, 지역사회 연계

출처 | 경기도교육연구원

탐구주제

탐구주제1	세계시민교육의 실태와 실천과제에 관한 연구
탐구주제2	SDGs 시대의 세계시민교육 추진 방안
탐구주제3	세계시민교육 국내 모니터링 체제 구축 연구

관련계열 및 학과

교육계열
교육학과, 교육공학과, 교육심리학과, 사회교육과, 일반사회교육과, 윤리교육과, 청소년교육상담학과, 평생교육상담학과, 평생교육과

사회계열
경영학과, 경제학과, 공공인재학과, 공공행정학과, 문화콘텐츠학과, 미디어커뮤니케이션학과, 사회복지학과, 사회학과, 소비자학과, 아동가족복지학과, 행정학과

어린이와 미디어 리터러시

자료소개

이 자료는 초등학생들의 미디어 이용에 대한 전반적인 특징을 진단하고, 해외 사례 분석과 부모/교사/미디어 강사와의 심층인터뷰 및 전문가 자문, 학생과 부모 대상의 설문조사를 통해 어린이의 미디어 리터러시 향상을 위한 정책을 연구했다. 다루고 있는 연구 내용은 다음과 같다.

❶ 해외 어린이의 미디어 이용과 미디어 리터러시 교육
❷ 어린이 미디어 리터러시 활성화 방안
❸ 어린이 미디어 리터러시 측정 도구 개발
❹ 어린이와 학부모 대상의 설문조사 결과
❺ 어린이의 미디어 리터러시 향상을 위한 정책적 제언

핵심키워드

미디어 교육, 미디어 리터러시, 디지털 리터러시, 디지털 시민성

출처 | 한국언론진흥재단

탐구주제

탐구주제1 미디어 리터러시 교육과정 운영을 통한 시민역량 제고 방안

탐구주제2 미디어 리터러시 교육 방향에 관한 연구

탐구주제3 초등 미디어 리터러시 실천 지도 매뉴얼

관련계열 및 학과

교육계열 가정교육과, 국어교육과, 교육학과, 교육공학과, 교육심리학과, 사회교육과, 유아교육학과, 윤리교육과, 일반사회교육과, 초등교육과, 청소년교육상담학과, 평생교육상담학과, 평생교육과

사회계열 공공인재학과, 공공행정학과, 문화콘텐츠학과, 미디어커뮤니케이션학과, 사회복지학과, 사회학과, 소비자학과, 아동가족복지학과, 지식융합미디어학부, 행정학과

16 어린이집 보육교사 권리보호 핸드북

자료소개

이 자료는 보육교사를 권리침해 상황으로부터 보호하고, 보육교사의 권리를 존중하는 근로환경 조성을 위해 제작되었다.

연구 내용은 보육교사 권리 이해하기, 보육교사 권리보호 방법 바로 알기 등을 포함한다. 보육교사 권리침해 상황 유형별 관련 법령 정보, 권리침해 상황 대응에 익숙하지 않은 보육교사를 위한 상황별 상호작용 예시를 함께 제시하여 보육교사의 보육활동을 보호하도록 안내한다.

핵심키워드

어린이집 보육교사, 교권침해, 권리보호

출처 | 보건복지부, 한국보육진흥원

탐구주제

탐구주제1	보육교직원 권리보호 및 지원 방안 모색
탐구주제2	어린이집 교사의 아동학대 및 권리 인식
탐구주제3	유치원 및 어린이집 교사의 직업행복감 증진 방안

관련계열 및 학과

교육계열 가정교육과, 교육학과, 교육공학과, 교육심리학과, 사회교육과, 일반사회교육과, 유아교육학과, 윤리교육과, 청소년교육상담학과, 평생교육상담학과, 평생교육과

사회계열 경영학과, 경제학과, 공공인재학과, 공공행정학과, 문화콘텐츠학과, 미디어커뮤니케이션학과, 사회복지학과, 사회학과, 소비자학과, 아동가족복지학과, 행정학과

17

인공지능(AI)의 학습용 데이터 윤리 가이드라인에 대한 연구

인문계열 | 사회계열 | 자연계열 | 공학계열 | 의약계열 | 예체능계열 | 교육계열

자료소개

이 자료는 인공지능(AI)의 핵심이 되는 '학습용 데이터'에 주목하여 데이터 윤리의 필요성을 확인하고, 데이터 윤리가 실질적으로 적용되기 위한 인공지능의 학습용 데이터 윤리 가이드라인을 연구했다. 주 연구 내용은 다음과 같다.

❶ 데이터 윤리 및 데이터 윤리 가이드라인의 필요성
❷ 데이터 윤리의 사례와 정의
❸ 기존 데이터 윤리 가이드라인 분석
❹ 인공지능(AI) 학습용 데이터의 윤리 프레임워크 개발

특히 생성형 인공지능(AI)의 올바른 활용을 장려하려면 가이드라인을 준수해야 한다고 제언한다.

핵심키워드

인공지능(AI), 학습용 데이터 윤리, 인공지능 윤리 가이드라인

출처 | 한국교육학술정보원

탐구주제

탐구주제1 인간과 인공지능AI의 공존을 위한 사회 · 윤리적 쟁점

탐구주제2 지능정보사회와 AI 윤리

탐구주제3 인공지능AI 윤리 가이드라인의 중요성과 국가별 대응 현황

관련계열 및 학과

교육계열 가정교육과, 교육학과, 교육공학과, 교육심리학과, 사회교육과, 일반사회교육과, 윤리교육과, 청소년교육상담학과, 컴퓨터교육과, 평생교육상담학과, 평생교육과

사회계열 경영학과, 경제학과, 공공인재학과, 공공행정학과, 문화콘텐츠학과, 미디어커뮤니케이션학과, 사회복지학과, 사회학과, 소비자학과, 아동가족복지학과, 행정학과

공학계열 컴퓨터 · 소프트웨어공학과, 컴퓨터 · 인공지능공학부, 컴퓨터공학과, 메타버스&게임학과

18 장애인 대상 비대면 진료의 효율적 운영체계 연구

◆ 자료소개 ◆

이 자료는 거동 및 활동이 자유롭지 못한 장애인들의 이동권과 의료접근성을 개선하고자 '맞춤형 비대면 진료'에 대해 연구했다.

본 연구는 장애인 대상의 조사를 통해 비대면 진료가 필요한 분야를 선정하고, 기존 비대면 의료서비스 시범사업 및 제도에 대하여 살펴본다. 그리고 장애인 관련 법률에 대한 분석을 통해 합리적이고 실현 가능한 비대면 진료 방안을 제시한다.

연구 결과, 병원 방문이 어려운 감염병 확진 환자, 거동이 불편한 노인과 장애인들에게는 비대면 진료에 대한 수요가 높은 것으로 나타난다.

핵심키워드

장애인, 비대면 진료, 만성질환 관리, 건강 상태 관리, 정신건강 관리

출처 | 한국보건의료연구원

탐구주제

탐구주제1 지역사회 장애인 대상 비의료 건강관리 서비스 운영 실태조사 연구

탐구주제2 선택실험을 이용한 비대면 의료 소비자 선호 연구

탐구주제3 비대면 진료 필수 조건에 관한 연구

관련계열 및 학과

교육계열 가정교육과, 교육학과, 교육공학과, 교육심리학과, 사회교육과, 윤리교육과, 일반사회교육과, 청소년교육상담학과, 컴퓨터교육과, 특수교육학과, 평생교육상담학과, 평생교육과

사회계열 경영학과, 경제학과, 공공인재학과, 공공행정학과, 문화콘텐츠학과, 미디어커뮤니케이션학과, 사회복지학과, 사회학과, 소비자학과, 아동가족복지학과, 행정학과

19

청소년의 디지털 성문화
특성 분석과 성교육 과제

자료소개

이 자료는 청소년의 디지털 성문화 특성을 분석한 후, 이를 토대로 청소년 인권으로서 포괄적 성교육 실행 방안에 대해 연구했다.

연구 내용은 청소년의 디지털 성문화 특성 분석 및 성교육의 한계, 국내외 성교육 사례 분석, 청소년 성교육의 방향과 과제를 다루고 있다.

연구 결과, 온라인과 디지털 미디어 이용 경험이 보편화된 현실에 맞추어 디지털 미디어를 활용한 성교육 방안을 모색한다. 성교육과 미디어 리터러시 교육 연계를 통해 미디어에 대한 비판적 이해 역량을 강화함으로써 올바른 성인권 감수성을 키워야 한다고 제언한다.

핵심키워드

청소년, 디지털 성문화, 청소년 인권, 성교육, 성인권 감수성

출처 | 한국여성정책연구원

탐구주제

탐구주제1 UN 포괄적 성교육 가이드라인과 해외 성교육 사례 연구

탐구주제2 안전하고 평등한 초중등 성교육 방안: 포괄적 성교육을 중심으로

탐구주제3 청소년 디지털 성폭력의 사회구조적 특성

관련계열 및 학과

교육계열 가정교육과, 교육학과, 교육공학과, 교육심리학과, 사회교육과, 윤리교육과, 일반사회교육과, 청소년교육상담학과, 평생교육상담학과, 평생교육과

사회계열 경영학과, 경제학과, 공공인재학과, 공공행정학과, 문화콘텐츠학과, 미디어커뮤니케이션학과, 사회복지학과, 사회학과, 소비자학과, 아동가족복지학과, 행정학과

20

초·중등 인공지능(AI)교육 학교 적용 방안 연구(SW·AI)

자료소개

2022 | 02

초·중등 인공지능(AI)교육
학교 적용 방안 연구
연구보고서(SW·AI)
(A Study on how to apply AI education to K-12)

한국과학창의재단

이 자료는 학교 현장 전반에 인공지능(AI)교육을 확산하고 안착시킬 수 있도록 인공지능 교육에 대한 개념을 정립하고 핵심역량을 도출했다. 또한, 데이터 기반의 인공지능 교육 운영 현황을 분석하고, 현장 교사들이 학교업무 및 수업 개선에 활용할 수 있는 방안을 연구했다.

주 연구 내용으로 초·중등 인공지능 교육의 정의 및 핵심역량 도출, 초·중등 SW·AI 관련 교육과정 현장 적용 실태조사 및 시사점 도출, 초·중등 인공지능 교육 실행 방안 제안에 대해 다루고 있다.

핵심키워드

인공지능 문해력, 인공지능 교육, 핵심역량, 학교업무 개선, 수업 개선

출처 | 한국과학창의재단

탐구주제

탐구주제1 개별 맞춤형 인공지능(AI) 활용 교육의 가능성과 과제

탐구주제2 AI 융합 교육이 초등학생의 AI 인식에 미치는 영향

탐구주제3 초등학교 AI 교육을 위한 교육과정 구성 연구

관련계열 및 학과

교육계열 가정교육과, 교육학과, 교육공학과, 교육심리학과, 사회교육과, 유아교육과, 윤리교육과, 일반사회교육과, 청소년교육상담학과, 컴퓨터교육과, 평생교육상담학과, 평생교육과

사회계열 경영학과, 경제학과, 공공인재학과, 공공행정학과, 문화콘텐츠학과, 미디어커뮤니케이션학과, 사회복지학과, 사회학과, 소비자학과, 아동가족복지학과, 행정학과

공학계열 컴퓨터·소프트웨어공학과, 컴퓨터·인공지능공학부, 컴퓨터공학과, 메타버스&게임학과

21 초연결사회 ✖ 전환도시 생활방식의 전환

◆ 자료소개 ◆

초연결사회×전환도시
생활방식의 전환
시민의 삶을 변화시키는 전환

이 자료는 시빅테크/인공지능/블록체인 등 제4차 산업혁명 기술이 접목된 초연결사회 전환 활동 사례들을 살펴본다. 그리고 이 활동이 지속가능한 사회를 위해 우리 삶에 어떤 변화를 가져올지 생활방식, 교육, 에너지, 거버넌스 부문으로 나누어 연구했다. 주 연구 내용은 다음과 같다.

❶ 초연결사회와 전환적 사회혁신
❷ 교통, 주거, 여가의 전환
❸ 리얼월드 체험기
❹ 소비의 전환
❺ 커뮤니티의 전환
❻ 초연결사회, 우리의 삶이 어떻게 바뀌고 있는가?
❼ 전문가가 바라본 초연결사회의 시민생활방식

핵심키워드
🔍 초연결사회, 전환도시, 사회 혁신, 시민생활방식

출처 | 서울연구원

탐구주제

탐구주제1 디지털 시민성 함양을 위한 시대적 함의 연구

탐구주제2 동네생활권 개념 도입 및 정책적 활용 방안 연구

탐구주제3 개인형 공유 모빌리티 이용 활성화를 위한 건축 · 도시 공간 대응 방안 연구

관련계열 및 학과

교육계열 가정교육과, 교육학과, 교육공학과, 교육심리학과, 사회교육과, 윤리교육과, 일반사회교육과, 초등교육과, 평생교육상담학과, 평생교육과

사회계열 경영학과, 경제학과, 공공인재학과, 공공행정학과, 도시 · 부동산학과, 도시계획학과, 도시행정학과, 문화콘텐츠학과, 미디어커뮤니케이션학과, 사회복지학과, 사회학과, 소비자학과, 아동가족복지학과, 지역사회개발학과, 행정학과

22 평생학습시대 미디어 리터러시 제고 방안

● 자료소개 ●

최근 디지털 미디어의 증가로 정보 활용 및 소통 능력이 중요해지고 있다. 이러한 흐름에 맞게 본 자료는 디지털 시대에 맞추어 미디어 리터러시(이해력)를 개선하는 방안에 대해 연구했다.

연구 내용은 미디어 생산 및 소비 현황, 미디어 리터러시 정책 현황, 미디어 이용의 문제점을 다루고 있다.

연구 결과, 다양한 미디어가 모든 분야에 걸쳐 확산되고 1인 미디어 시대가 본격화되는 가운데, 미디어 리터러시를 갖추기 위해 아날로그 형식을 되살려야 한다고 제언한다.

핵심키워드

평생학습시대, 디지털 시대, 미디어 리터러시(이해력)

출처 | 경기연구원

탐구주제

탐구주제1	학교 미디어 리터러시 교육 활성화 방안
탐구주제2	비판적 인지와 자기표현 능력 향상을 위한 미디어 리터러시 교육 방안 연구
탐구주제3	청소년 참정권 확대에 따른 민주시민교육 지원 방안 연구

관련계열 및 학과

교육계열 가정교육과, 국어교육과, 교육학과, 교육공학과, 교육심리학과, 사회교육과, 유아교육학과, 윤리교육과, 일반사회교육과, 초등교육과, 청소년교육상담학과, 평생교육상담학과, 평생교육과

사회계열 공공인재학과, 공공행정학과, 문화콘텐츠학과, 미디어커뮤니케이션학과, 사회복지학과, 사회학과, 소비자학과, 아동가족복지학과, 지식융합미디어학부, 행정학과

23 학생의 과학 정의적 성취 향상 방안 연구

자료소개

2021 | 12

학생의 과학 정의적 성취 향상 방안 연구
(A study on ways to improve student's scientific affective achievement)

이 자료는 우리나라 학생들이 과학에 대한 정의적 성취가 낮은 원인을 분석하여 정의적 성취 향상을 위한 정책 방안을 연구했다.

연구 내용은 과학교육 선행연구 분석, 과학교육 실태조사, 학생의 과학 정의적 성취 향상을 위한 정책 제언을 포함한다.

연구 결과, 정의적 성취 향상을 위한 교육과정 및 제도 개선, 수업 방법 개선과 함께 학생들이 호기심을 가지고 과학 탐구 본연의 즐거움과 가치를 인식할 수 있도록 '대상별 맞춤형 과학교육'을 제안한다.

핵심 키워드

과학 정의적 성취, 과학교육, 흥미, 자신감, 태도

출처 | 교육부, 한국과학창의재단

탐구주제

탐구주제1 초등학생과 중학생의 과학긍정경험 향상 요인에 대한 질적 탐구

탐구주제2 과학관 현장체험학습에 대한 초등교사의 인식과 교육에 대한 실태조사

탐구주제3 학생의 정의적 태도 향상을 위한 지속가능한 학생 참여형 과학과 교육과정 운영 방안 연구

관련계열 및 학과

교육계열 가정교육과, 국어교육과, 교육학과, 교육공학과, 교육심리학과, 사회교육과, 유아교육학과, 윤리교육과, 일반사회교육과, 지구과학교육과, 초등교육과, 청소년교육상담학과, 컴퓨터교육과, 평생교육상담학과, 평생교육과, 환경교육과

24

학생의 수학 정의적 성취 향상 방안 연구

● 자료소개 ●

이 자료는 우리나라 학생들이 수학에 대한 정의적 성취가 낮은 원인을 분석하여 정의적 성취 함양을 위한 정책 방안에 대해 연구했다. 주 연구 내용은 다음과 같다.

❶ 수학 정의적 성취 관련 선행연구 및 사례 조사
❷ 수학 정의적 성취 및 인지적 성취 현황
❸ 수학 정의적 성취 원인 분석
❹ 수학 정의적 성취 향상을 위한 정책 및 우수 사례 분석
❺ 수학 정의적 성취 향상 방안

연구 결과, 학생들의 수학 정의적 성취를 향상하기 위해 교육 주체인 학생, 교사, 학부모 모두가 성장 마인드셋을 지닐 수 있는 방향으로 수학교육이 변화해야 한다고 제언한다.

핵심키워드
🔍 수학 정의적 성취, 마인드셋, 수학교육, 수학교육 실태, 수학교육 정책

출처 | 한국과학창의재단

탐구주제

탐구주제1	1인 가구 증가에 따른 우리 지역 지원 정책 연구
탐구주제2	1인 가구 증가에 대한 세계의 대응 분석
탐구주제3	1인 가구 특성과 소비패턴에 관한 연구

관련계열 및 학과

교육계열
교육학과, 교육공학과, 교육심리학과, 수학교육과, 윤리교육과, 일반사회교육과, 초등교육과, 청소년교육상담학과, 평생교육상담학과, 평생교육과

사회계열
수학과, 사회복지학과, 사회학과, 소비자학과, 아동가족복지학과, 행정학과

25

학생의 참정권 및 사회 참여 활성화 지원 방안 연구

자료소개

이 자료는 법령 개정에 따른 참정권 확대 보장을 통해 청소년의 사회 참여가 더욱 활성화될 것이라는 관점에서 학생 참정권을 중심으로 한 청소년의 사회 참여 활성화 지원 방안에 대해 연구했다. 주 연구 내용은 다음과 같다.

❶ 학생 참정권 및 사회 참여 개념
❷ 학생 참정권 및 사회 참여의 법적 근거와 학교 교육과정 구성
❸ 학생의 참정권과 사회 참여 교육 및 활성화 관련 사례 분석
❹ 학생의 참정권과 사회 참여 활성화 방안 및 과제

핵심키워드

학생 참정권, 학생 사회 참여, 민주시민교육

출처 | 한국청소년정책연구원

탐구주제

탐구주제1	미디어를 활용한 청소년 사회 참여 방안
탐구주제2	지역 시민사회 연계 청소년 사회 참여 활성화 방안
탐구주제3	청소년 참정권 확대에 따른 민주시민교육 지원 방안 연구

관련계열 및 학과

교육계열
가정교육과, 교육학과, 교육공학과, 교육심리학과, 사회교육과, 일반사회교육과, 윤리교육과, 청소년교육상담학과, 평생교육상담학과, 평생교육과

사회계열
공공인재학과, 공공행정학과, 문화콘텐츠학과, 미디어커뮤니케이션학과, 법학과, 사회복지학과, 사회학과, 소비자학과, 아동가족복지학과, 정치외교학과, 행정학과

출처

|인문계열|

경제 · 인문사회연구회, 한국농촌경제연구원 ― 송미령, 김광선, 구자춘, 정도채, 서형주(2021). 100세 시대, 도농상생의 농산어촌 유토피아 실천모델 연구.

한국콘텐츠진흥원 ― (2022). 이야기 IP 확장사례 분석 및 활성화 방안 연구.

문화체육관광부 국민소통실 소통지원과 여론과 ― (2022). 2022 한국인의 의식 및 가치관조사.

문화체육관광부 ― (2022). 2022년 혐오표현 관련 대국민 인식조사.

제주특별자치도 ― (2022). MZ세대 인식조사를 통한 세대 통합방안 최종보고서.

국립문화재연구원 ― (2022). 남북 문화 · 자연유산 교류 협력의 사례와 방안.

태재미래전략연구원 ― 정용화. (2022). '다음 단계 시대 가치 창조'를 위한 기초 연구.

국회미래연구원 ― 박성원 외 10명. (2022). 대한민국 미래전망 연구.

한국문화관광연구원 ― 정보람, 윤소영, 이성우. (2022). 문화예술기반 사회적 치유 정책방안 연구: 외로움 · 사회적 고립감 완화를 중심으로.

보건복지부 ― (2023). 미래지향 인구교육을 위한 정책연구.

통일연구원 ― 정은미, 박소혜, 이종민. (2023). 북한의 중산층.

한국보건사회연구원 ― 여유진 외 4명. (2021). 사회통합 실태 진단 및 대응 방안 연구(Ⅷ) – 사회 · 경제적 위기와 사회통합.

한국연구재단 ― (2022). 엔데믹 이후의 인문학!

문화재청 국립문화재연구원 미술문화재연구실 ― (2023). 유물과 마주하다: 내가 만난 국보 · 보물.

가톨릭대학교 인간학연구소 ― 양창아. (2023). 인간과 비인간의 경계에 대한 정치철학적 고찰 – 한나 아렌트와 도나 해러웨이의 인간 개념을 중심으로 –. 인간연구, (49), pp. 7–46.

4차산업혁명위원회 ― (2021). 인공지능 이용 인식조사 결과보고서.

경제 · 인문사회연구회 ― 김치완, 조은희, 강진규, 김준표. (2023). 인구소멸시대 다문화 사회인식에 관한 연구 : 쿰다인문학을 활용한 시민의 다문화 역량 강화 방안을 중심으로.

국회미래연구원 ― 김현곤. (2023). 「국가미래전략 Insight」 좋은 사회로의 대전환─쏠림사회에서 개성사회로–.

문화체육관광부 ― (2022). 중단기 문화정책 방향과 과제.

서강대학교 생명문화연구소 ― 조준호. (2022). 중독사회 극복을 위한 생명 감수성 향상 필요성과 방안 연구. 생명연구, 64, pp. 1–30.

한국문화관광연구원 ― 류정아. (2021). (특별연구) 축제의 인문학적 제논의 분석 연구.

한국청소년정책연구원 ― 최정원, 이지연, 김현수, 박지숙. (2022). 코로나–19 시대 MZ세대의 사회성 발달 연구.

경제 · 인문사회연구회 ― 통일연구원 서보혁 외. (2023). 평화통일체제 수립을 위한 국가전략 연구 : 글로벌 복합위기와 한반도 국제환경 변화 요인 분석.

경제 · 인문사회연구회 ― 오수창, 강문식, 남수현, 유현재. (2022). 한국 역사문화 콘텐츠의 세계화 방안 연구와 게임화 (Gamification)를 통한 시범 아이템 제작.

중국문화연구학회 ― 이승희. (2023). 한중 MZ세대의 '감성 애국주의'. 중국문화연구, (59), pp. 113-132.

|사회계열|

여성가족부여성인력개발과 ― (2022). 1인가구 삶의 질 제고를 위한 사회적경제 조직 유형 연구.

여성가족부 ― (2022). 2021년 국민 다문화수용성 조사.

국회입법조사처 ― (2022). 4차 산업혁명 시대, 일상의 디지털 전환이 초래한 사회갈등의 현황과 대응 방안.

한국무역협회 ― (2023). 5대 신성장 산업의 수출경쟁력 및 경제 기여 진단.

한국지능정보사회진흥원 ― (2023). ChatGPT의 등장과 법제도 이슈.

국회도서관 ― (2023). K 콘텐츠 한눈에 보기.

고용노동부 ― (2022). 공공기관 청년고용의무제 성과분석 및 향후 방향 연구.

행정안전부 ― (2023). 공공서비스 유형분석 및 전달체계 개선 방안 연구.

문화체육관광부 ― (2022). 디지털 성범죄 관련 국민 인식조사 방안 결과보고서.

정보통신정책연구원 ― 문아람, 김미경, 조유선. (2022). 디지털 전환기 일자리의 변화 분석 및 대응 방안 연구.

한국언론진흥재단 ― 최민재, 문철수, 황성연. (2022). 메타버스 환경과 미디어.

한국문화관광연구원 ― 노영순, 장훈, 김규원. (2021). 문화예술의 친환경적 관점 도입을 위한 연구.

국회입법조사처 ― 이경렬, 김면기, 차종진. (2022). 범죄피해자 신변보호제도에 관한 비교법적 연구.

한국보건사회연구원 ― 김현경. (2023). 복지-고용-경제의 선순환 연구.

보건복지부 ― 한국보건사회연구원, 이다미, 김지원, 류재린. (2022). 사회정책에 대한 국민 욕구 · 인지 조사 연구.

한국언론진흥재단 ― 김선호, 백영민, 장경은. (2021). 선거와 미디어: 유권자의 관점에서.

KB금융지주 ― 채희근. (2023). 수소경제의 최근 동향과 전망.

한국법제연구원 ― 배건이. (2022). 아동국가책임제 구현을 위한 법제개선방안 방안 연구.

한국문화관광연구원 ― 김성윤, 김현지, 김형곤. (2023). 워케이션 활성화 방안 연구.

한국노인인력개발원 ― 김가원 외 8명. (2023). 초고령사회 돌봄영역 노인일자리사업 고도화 방안 연구.

한국지능정보사회진흥원 ― 강선무. (2022). 초연결 인프라와 ESG 경영.

한국무역협회 ― 임지훈. (2022). 친환경 소비시대, 부상하는 그린슈머를 공략하라!.

하나금융경영연구소 ― 황선경. (2022). 크리에이터 이코노미-MZ세대들의 새로운 방안 경제생활 ―.

한국농촌경제연구원 ― 홍연아, 김병률, 송선환, 윤찬미. (2023). 푸드테크 산업의 혁신 트렌드와 방안 미래전망.

한국청소년정책연구원 ― 유민상, 신동훈, 신영규, 박미희. (2022). 청년 사회 첫 출발 실태 및 정책방안 방안 연구 II : 성인 이행기 청년의 자립.

|자연계열|

통계청 통계개발원 — 이영수. (2023). 「2050」 탄소중립 관련 SDGs지표 개발을 위한 기초연구.

한국해양수산개발원 — 정현욱. (2023). 국가 해양전략 기본구상 연구.

한국환경연구원 — 김도균, 서은주, 류환희. (2021). 국내 동물윤리 이슈 분석.

농림식품기술기획평가원 — (2022). 농식품 2030 미래이슈. 1, 디지털 농업.

한국환경연구원 — 심창섭 외 11명. (2021). 미세먼지 통합관리 전략 수립 연구.

한국농촌경제연구원 — 김용렬, 이정민, 박준홍, 안병일, 김종화, 김상태. (2023). 바이오소재농업 활성화 방안.

KB 금융지주 경영연구소 — 황원경, 이신애. (2023). 2023 한국 반려동물 보고서–반려동물 맞이 준비와 건강관리.

한국산림복지진흥원 — 이동수 외 6명. (2023). 2022 산림복지프로그램 효과검증 연구보고서.

서울연구원 — 김효미, 김고운, 이혜진. (2022). 생활계 유해폐기물 관리현황과 개선방안.

한국해양수산개발원 — 조헌주. (2022). 수산물 안전성 관리체계 개선방안 연구.

농촌진흥청 국립농업과학원 — (2023). 수출용 포도 생산을 위한 농약안전사용 가이드.

식품의약품안전평가원 — (2021). 식품 플랫폼 백신 개발을 위한 정보집.

식품의약품안전평가원 — (2022). 식의약 R&D 이슈 보고서(마이크로바이옴).

농림식품기술기획평가원 — (2022). 메디푸드 및 고령친화식품 분야 동향 보고서.

한국농촌경제연구원 — 황윤재, 박성진, 이승근, 박시현. (2022). 식재료산업과 연계한 한식산업 발전 방안.

국립기상과학원 — (2022). 온난화 영향에 따른 한반도 기후변화 리스크.

한국과학기술한림원 — (2022). 유전체 교정 작물 식량안보의 대안이 될 수 있을까?.

국립삼림과학원 — 원현규, 한희, 김동현, 김영환. (2022). 지역순환형 임업모델 기반한 산림자원 선순환 체계 구축 방안.

한국농촌경제연구원 — (2021). 축산업 환경영향 분석과 정책과제.

국가녹색기술연구소 — (2022). 태양전지 혁신기술개발 전략과 방향.

한국과학기술한림원 — (2022). 포스트 플라스틱시대를 위한 정책 제안.

농림식품기술기획평가원 — (2022). 2022년 식품 R&D 이슈 4 – 포스트바이오틱스 분야 동향 보고서.

건축공간연구원 — 김영지, 박유나, 오성훈. (2022). 폭염대응을 위한 도시 가로녹지계획 연구.

과학기술정보통신부, 한국과학기술기획평가원 — (2023). 합성생물학의 미래.

한국과학기술한림원 — (2021). 해양환경보호활동에 대한 국내외 현황과 정책 방향.

|공학계열|

개인정보보호위원회 — (2022). 2022 개인정보보호 연차보고서.

한국인터넷진흥원 — (2022). 2030 미래사회 변화 및 ICT 8대 유망기술의 사이버 위협 전망.

대한건축사협회 건축연구원 ─ (2020). 4차 산업혁명 시대의 건축사 역할과 대응.

대한건축사협회 건축연구원 ─ (2022). 건축저작물 보호 및 활용 방안 연구.

소프트웨어정책연구소 ─ (2023). 국내ㆍ외 공공부문 AI 활용현황 분석 및 시사점.

국방기술진흥연구소 ─ (2022). 국방 AI 플랫폼 개발을 위한 제언.

녹색기술센터 ─ 한수현, 이주영, 이새란. (2020). 기후변화기후기술.

녹색기술센터 ─ 박철회 외 5명. (2015). 기후변화에서 지구를 지키는 미래 녹색기술.

국토연구원 ─ 김익회 외 4명. (2022). 디지털 트윈 기반 스마트시티 고도화 방안.

한국저작권위원회 ─ (2022). 메타버스, NFT 저작권 쟁점 연구.

한국인터넷진흥원 ─ (2022). 메타버스와 NFT, 사이버보안 위협 전망 및 분석.

환경부 ─ (2017). 생활 속 소중한 자원이야기.

한국농촌경제연구원 ─ 허정회, 마상진, 조재우. (2022). 스마트농업 확산에 대응한 농업인 역량 강화 방안.

경찰대학 치안정책연구소 ─ (2022). 안전속도 5030 종합 효과분석 연구.

건축공간연구원 ─ 서수정, 유제연. (2017). 알기 쉬운 건축설계 저작권.

과학기술정보통신부, 한국지능정보사회진흥원, 미래양자융합포럼 ─ (2023). 양자 정보 기술 백서.

환경부 ─ (2016). 오존, 제대로 알고 대비해요!.

환경부 ─ (2017). 음식물쓰레기 저감과 자원화, 그 성과와 미래.

토지주택연구원 ─ 신도겸, 김태균, 변완희, 권오준. (2023). 자율주행시스템을 고려한 신도시 도로 네트워크 구축방안.

관계부처합동 ─ (2023). 제4차 우주개발진흥 기본계획.

국방기술진흥연구소 ─ 송동건, 제환주. (2022). 첨단 항공엔진 국내개발을 위한 제언.

에너지경제연구원 ─ 김종우, 이태의. (2022). 청정 수소 생산의 경제성 확보를 위한 수전해의 기술적 제도적 개선방안 연구.

삼일PwC경영연구원 ─ (2022). 푸드테크의 시대가 온다.

한국원자력안전재단 ─ (2018). 항공승무원이 알아야 할 우주방사선 이야기.

한국인터넷진흥원 ─ 민경식, 박진상, 고려대학교 우승훈 외 4명. (2023). Web 3.0 시대 핵심 기술, 블록체인 보안 위협 전망 및 분석

|의약계열|

보건복지부 ─ 2023. 2023-2027년 응급의료 기본계획(안).

한국건강증진개발원 ─ (2020). 공공형 디지털 헬스케어 서비스 현황 및 발전방향.

한국수의영양학회 ─ (2021). 국내 펫푸드 영양 가이드라인 수립을 위한 제언.

한국보건산업진흥원 ─ (2023). 국내외 의료기관의 ESG 동향 및 시사점.

국민건강보험, 대한고혈압학회 — (2023). 국민건강보험 빅데이터로 알아본 한국인의 고혈압.

한국보건의료연구원 — (2023). 노인 건강생활을 위한 가이드라인 개발.

한국과학기술한림원 — (2018). 노인친화기술의 개념과 의학적 적용방안.

국민건강보험 — (2023). 대사증후군 관리를 위한 건강실천안내서.

농림축산식품부 — (2022). 동물복지 강화 방안.

한국지식재산연구원 — (2022). 디지털 치료제의 특허법적 보호 현황과 과제.

한국보건산업진흥원 미래의료팀 — (2021). 디지털시대 의료서비스 혁신을 위한 스마트병원 육성 방안 연구.

한국콘텐츠진흥원 — (2022). 디지털치료제로서 게임 활용 방안 연구.

삼일PwC경영연구원 — (2022). 디지털 헬스케어의 개화: 원격의료의 현주소.

한국보건산업진흥원 — (2021). 바이오의약품 산업 분석 및 정책 연구.

한국보건사회연구원 — (2022). 보건복지분야 디지털 기술의 적용 가능성과 전망.

울산연구원 — (2020). 보건의료 빅데이터 활용 방안.

한국과학기술한림원 — (2019). 세포치료 과학과 윤리.

한국과학기술한림원 — (2021). 원격의료 실현을 위한 국내 과학기술의 현황과 극복과제.

식품의약품안전처 식품의약품안전평가원 — (2017). 유전자 가위기술 연구개발 동향 보고서.

한국과학기술한림원 — (2020). 유전체정보기반 정밀의료 발전방향.

한국보건산업진흥원 — 정혜윤, 이진수, 김광점, 조인호, 이재영. (2023). 의료기기 시장은 어떻게 만들어지는가.

한국보건의료연구원 — (2015). 줄기세포치료의 모든 것.

한국보건산업진흥원 — (2023). 키워드로 보는 2023년 국제의료 트렌드.

질병관리청 국립보건연구원 — 대한 파킨슨병 및 이상운동질환 학회. (2023). 파킨슨병 환자를 위한 운동. 군자출판사.

보건복지부 — 한국건강증진개발원. (2023). 한국인을 위한 신체활동 지침서.

|예체능계열|

한국공예·디자인문화진흥원 — (2023). 2022 공예문화산업 소비자인식조사.

한국문화예술위원회 — (2023). 공연예술분야의 지속가능 창제작 안내서 및 사례집.

한국콘텐츠진흥원 — (2022). 국내 K팝 스트릿 댄스 현황 및 발전방향 기초연구.

한국문화관광연구원 — 류정아. (2023). 기술환경 변화에 따른 문화예술 콘텐츠 구성 적응 전략 소고.

경기연구원 — 정대영, 류시균, 서정욱. (2022). 남한산성 역사문화관 운영 및 콘텐츠 개발 방향 연구.

한국문화관광연구원 — 채지영 외 5명. (2023). 대중문화콘텐츠가 국가브랜드 증진에 미친 영향 연구.

한국도핑방지위원회 — (2022). 2022 도핑방지 규정위반 사례집.

한국스포츠정책과학원 — 박선영 외 6명. (2019). 동계스포츠의 산업현황과 경제적 파급효과 분석.

서울연구원 — 윤서연 외 9명. (2021). 디지털 전환에 따른 도시 생활과 공간 변화.

한국디자인진흥원 — (2023). 디지털 전환에 따른 산업안전디자인의 이해.

한국보건산업진흥원 — (2022). 디지털 헬스케어 기업 및 제품 디렉토리북.

국민체육진흥공단 한국스포츠정책과학원 — (2018). 레저스포츠산업 육성지원 방안 연구.

산업통상자원부 — 한국패션산업협회. (2021). 메타버스 시대의 패션 비즈니스 동향.

경기문화재단 — 바라예술성장연구소. (2021). 메타버스와 함께 가는 문화예술교육 연구.

한국문화관광연구원 — 변지혜, 김규원. (2021). 스마트미술관 방향성 연구.

한국스포츠정책과학원 — 노용구 외 7명. (2021). 스포츠진흥기본계획 수립을 위한 기초연구.

국가인권위원회 — (2020). 스포츠인권 가이드라인.

한국문화관광연구원 — 김현경, 조현성, 이경민, 이성민. (2022). 시각예술 분야 디지털 콘텐츠 생산 및 유통 구조 변화 전망과 과제.

문화체육관광부 — 한국공예ㆍ디자인문화진흥원. (2021). 어린이 통학공간 디자인 가이드라인.

한국콘텐츠진흥원 — (2022). 웹툰 산업 불공정 계약 실태조사.

대한장애인체육회 — 한국스포츠정책과학원. (2023). 장애인체육 발전 중장기계획.

국립재난안전연구원 — (2022). 재난유형별 표준 안전디자인 개발(Ⅰ).

한국저작권위원회 — (2022). 2022 차세대 디지털 환경에서의 저작권 산업 이슈.

정보통신정책연구원 — 이재영, 곽동균, 황유선, 김경은. (2020). 코로나19가 방송ㆍ미디어산업에 미치는 영향 및 시사점.

영화진흥위원회 — 채정화, 김유례. (2022). 한국 OTT 플랫폼 사업자 및 영화 유통 현황.

|교육계열|

국회미래연구원 — (2022). 「국가미래전략 Insight」 1인 가구의 행복 분석 〈제48호〉.

경기도교육연구원 — 구하라, 김종훈, 이승현. (2022). 'MZ 세대' 교사의 특성 연구.

한국건강가정진흥원 — (2022). SNS 빅데이터를 활용한 가족 변화 양상 분석.

한국개발연구원 — 경제ㆍ인문사회연구회. (2023). 글로벌 불평등 시대의 난민과 이민자.

농림축산식품부, 한국농촌경제연구원 — 육아정책연구소, 김나영 외 3명. (2023). 농어촌 영향평가: 농어촌 영유아 돌봄 시설 확대.

서울연구원 — 조권중 외 8명. (2022). 뉴노멀시대 사회서비스 현황과 대응.

한국고용노동교육원 — 안정화 외 5명. (2022). 디지털 경제와 노동권.

한국보건산업진흥원 — 김지은, 황정민, 김수경. (2021). 디지털 헬스 서비스의 활용 효과 연구.

한국교육학술정보원 — (2022). 메타버스의 교육적 활용을 위한 가이드라인 연구.

경기도교육연구원 — (2022). 무엇이 교사를 소진시키는가?: 교육환경 변화를 중심으로.

경상북도교육청 — (2023). 생성형 AI 활용 길라잡이.

한국환경연구원 — 이정석, 염정윤, 임채은, 김기현. (2022). 소비자 환경윤리 의식에 기초한 녹색제품 구매촉진 방안 연구.

한국출판문화산업진흥원 — (2021). 스마트 미디어를 활용한 독서 생활화 방안 연구.

경기도교육연구원 — (2022). 실천 중심 세계시민교육 사례 탐색.

한국언론진흥재단 — 이원섭, 조재희, 최지선. (2022). 어린이와 미디어 리터러시.

보건복지부 — 한국보육진흥원. (2023). 어린이집 보육교사 권리보호 핸드북.

한국교육학술정보원 — 변순용 외 7명. (2023). 인공지능(AI)의 학습용 데이터 윤리 가이드라인에 대한 연구.

한국보건의료연구원 — (2022). 장애인 대상 비대면 진료의 효율적 운영체계 연구.

한국여성정책연구원 — (2022). 청소년의 디지털 성문화 특성 분석과 성교육 과제.

한국과학창의재단 — (2022). 초중등 AI교육 학교 적용 방안 연구보고서.

서울연구원 — 김원호, 김수진, 박민진, 장윤희. (2021). [초연결사회x전환도시] 1. 생활방식의 전환: 시민의 삶을 변화시키는 전환.

경기연구원 — (2022). 평생학습시대 미디어 리터러시 제고 방안.

교육부, 한국과학창의재단 — (2021). 학생의 과학 정의적 성취 향상 방안 연구보고서.

한국과학창의재단 — (2021). 학생의 수학 정의적 성취 향상 방안 연구.

한국청소년정책연구원 — (2022). 학생의 참정권 및 사회 참여 활성화 지원 방안 연구.

교과세특 탐구활동 솔루션
공공데이터 활용 Ver

1쇄 찍음   2023년 11월 13일
4쇄 펴냄   2024년 12월 20일

출판   (주)캠퍼스멘토
저자   한승배·박유진·최미경

총괄기획   민하늘 (sky@camtor.co.kr)
브랜드   윤영재·박선경·이경태·신숙진·이동훈·김지수·조용근·김연정
연구기획   오승훈·이사라·김예솔·박민아·최미화·국희진·양채림·윤혜원·강덕우·송나래·송지원
디자인   Gem
경영지원   김동욱·지재우·임철규·최영혜·이석기·노경희
발행인   안광배

주소   서울시 서초구 강남대로 557(잠원동, 성한빌딩) 9F
출판등록   제 2012-000207
구입문의   (02) 333-5966
팩스   (02) 3785-0901
홈페이지   www.campusmentor.co.kr (교구몰)

ⓒ 한승배·박유진·최미경 2023

ISBN 979-11-92382-30-2 (43000)